DEDICATORIA

Este libro está dedicado al mejor amigo de cada uno de nosotros en nuestros propios años de secundaria. Dos tipos que (y esto es asombroso) aún son dos de nuestros mejores amigos después de todos estos años.

El amigo de Marko era, y sigue siendo, John Mathers.

El amigo de Kurt era, y sigue siendo, Mike Pace.

RECONOCIMIENTOS

Marko quiere dar las gracias a su increíble familia: Jeannie, Liesl, y Max. Gracias por ser tan amorosos y por su paciencia mientras estaba escribiendo. Gracias a mi pequeño grupo de chicos de séptimo grado: Shane, Bryan, Lex, Matt, Zack, Aaron, y en especial a Brandon Matticks, cuyo apellido escribí mal en la dedicatoria de *My Family* porque sigo siendo un tonto.

Kurt quiere dar las gracias a Rachel, Kayla, y Cole. Ustedes no sólo son mi familia, realmente son mis mejores amigos. Gracias también a Matt Hall, que me ayudaba cuando yo estaba atorado (lo cual aparentemente ocurría muy a menudo). ¡Eres un gran amigo, Matt!

MARK OESTREICHER
& KURT JOHNSTON

AMIGOS
SUPERVIVENCIA
PARA ADOLESCENTES

Editorial Vida®
.com

Especialidades Juveniles

La misión de Editorial Vida es ser la compañía líder en comunicación cristiana que satisfaga las necesidades de las personas, con recursos cuyo contenido glorifique a Jesucristo y promueva principios bíblicos.

AMIGOS
Edición en español publicada por
Editorial Vida – 2010
Miami, Florida

Copyright© 2010 por Kurt Johnston Y Mark Oestreicher

Originally published in the U.S.A. under the title:
My Friends
Copyright© 2007 by Kurt Johnston and Mark Oestreicher
Translation copyright ©2010 by Mark Oestreicher and Kurt Johnston
Translated by Horacio González
Published by permission for Zondervan, Grand Rapids, Michigan 49530

Traducción: *Horacio González*
Edición: *María Gallardo*
Diseño interior: *Juan Shimabukuro Design*
Diseño de cubierta: *Juan Shimabukuro Design*

ISBN: 978-0-8297-5668-5

CATEGORÍA: JUVENIL NO FICCIÓN/Devoción/Oración

IMPRESO EN ESTADOS UNIDOS DE AMÉRICA
PRINTED IN THE UNITED STATES OF AMERICA

10 11 12 13 ❖ 6 5 4 3 2 1

CONTENIDO

INTRODUCCIÓN   9

SECCIÓN UNO: LO BÁSICO SOBRE LA AMISTAD
1. Diseñada por Dios   12
2. Cambio de amistades   15
3. Pandillas   18
4. Popularidad   20
5. ¿Deberías tener muchos amigos, o solo un par?   22
6. La amistad y el género   25
7. Entendiendo los círculos de la amistad   28
8. El poder de las amistades   30

SECCIÓN DOS: CONSEJOS DE PROVERBIOS SOBRE LA AMISTAD
9. Proverbios 27:6   34
10. Proverbios 12:26   36
11. Proverbios 17:9   37
12. Proverbios 18:24   39
13. Proverbios 27:17   41

SECCIÓN TRES: AMISTADES BÍBLICAS
14. Jonatán y David   46
15. Sadrac, Mesac y Abednego   48
16. Los hombres valientes de David (los aguateros)   50
17. Pablo y Bernabé   52
18. Los discípulos   54
19. Los amigos de Job   56
20. La amistad de Jesús con Pedro   58
21. La amistad de Jesús con María   60

SECCIÓN CUATRO: TIPOS DE AMIGOS

22. Mejores amigos — 64
23. Amistades no románticas con el sexo opuesto — 66
24. El típico grupo de amigas — 68
25. El típico grupo de amigos — 70
26. Otros tipos de amigos — 72
27. Grupos de amigos compartimentados — 74

SECCIÓN CINCO: MÁS QUE AMIGOS

28. ¿Por qué de repente esto se transforma en un tema relevante? — 80
29. ¿Por qué la cuestión romántica puede arruinar las amistades? (con tus otros amigos), Parte 1 — 82
30. ¿Por qué la cuestión romántica puede arruinar las amistades? (con "ese alguien especial"), Parte 2 — 84
31. La cuestión física (¿qué tan lejos es demasiado lejos?) — 86
32. Cómo terminar bien — 88
33. Cuando terminan contigo — 90
34. ¿Qué tipo de noviazgo tiene más sentido? — 92
35. ¡Está bien esperar para tener un noviazgo! — 94

SECCIÓN SEIS: CONFLICTOS

36. ¿Por qué existen los conflictos en las amistades? — 98
37. Los celos — 101
38. El egoísmo — 103
39. Los chismes — 105
40. La inseguridad — 107
41. El perdón — 109
42. La presión de los pares — 112
43. Cómo resolver los conflictos — 115

SECCIÓN SIETE: FORMAS DE SER UN BUEN AMIGO

44. Ser leal — 122
45. Ser honesto — 124
46. Dar ánimo — 127
47. Dar y servir — 129
48. Tener compasión — 132
49. Escuchar — 134

50. Ser atento   137
51. ¡Divertirte!   139
52. Ser flexible   142
53. Rendir cuentas   143

SECCIÓN OCHO: FORMAS DE SER UN MAL AMIGO
54. Competir   146
55. Utilizar a las personas   148
56. Ignorar a los demás   150
57. Mandonear   153
58. Ser insensible   155
59. No ser sincero   157
60. Ahogar a los demás   159

SECCIÓN NUEVE: SITUACIONES DIFÍCILES
61. Cuando a tus padres no les gustan tus amigos   166
62. Cuando tus amigos pelean (atrapado en el medio)   169
63. Cuando tus amigos comienzan a tomar malas   171
    decisiones
64. Cuando tus amigos se lastiman (algo malo les sucede) 175
65. Cuando no tienes ningún amigo   178
66. Cuando tus amigos se vuelven en tu contra   180
67. Cuando debes terminar una amistad   182
68. Cuando quieres terminar una amistad   184
69. ¿Qué hacer si eres tímido?   186

SECCIÓN DIEZ: CÓMO HACER AMIGOS
70. Conociendo a las personas por primera vez   190
71. Convirtiéndote en una persona digna de amistad   192
72. Intereses en común   195
73. Haciendo preguntas   198
74. Estate atento a potenciales amigos   200
75. Eligiendo a los amigos potenciales correctos   203

INTRODUCCIÓN

¿Ves esa foto realmente ridícula justo aquí al lado? Ese soy yo, Marko, cuando estaba en la escuela secundaria. Lindo cuello el de mi camisa, ¿eh? ¿Puedes adivinar que yo no era el chico más popular de la escuela? Ooooh, sí.

¿Y qué tal esta sensacional foto? Ese soy yo, Kurt, tiempo atrás durante mis años de escuela secundaria. Ese corte de pelo sí que tenía onda, ¿verdad? Si, claro, lo que tú digas...

Queríamos que vieras esas fotografías (por embarazosas que sean) porque queremos que sepas que nosotros recordamos lo que es ser un alumno de escuela secundaria. En parte, lo recordamos porque hemos estado trabajando con chicos de las escuelas secundarias en las iglesias por mucho tiempo. Nosotros no trabajamos con jóvenes en edad universitaria, ni con ningún grupo de otra edad. Eso es porque ambos estamos convencidos de un par de cosas:

• Primero, los alumnos de secundaria son las personas más geniales en la tierra. ¡Realmente! Preferimos pasar un rato con un grupo de estudiantes de secundaria más que con cualquier otro grupo de cualquier otra edad.

• Segundo, Dios realmente se interesa (y queremos decir, REAL-MENTE SE INTERESA) por los chicos de escuela secundaria. Y creemos que Dios está entusiasmado con la posibilidad de tener una relación cercana contigo.

• Por último, los años de escuela secundaria son TREMENDAMENTE importantes para edificar una FE que dure para toda la vida.

Ah, y una cosa más: No tienes que leer los 75 "capítulos" en un orden particular. No es esa clase de libro. Lo puedes leer en orden, si deseas (¡si eres una de esas personas a las que les gusta el orden!), o puedes simplemente hojearlo y leer cualquier parte que llame tu atención.

Creemos en ti, y estaremos orando por ti (realmente, lo haremos) para que cuando leas esto crezca tu entendimiento de Dios (¡tal como dice la Biblia que hizo Jesús cuando tenía tu edad!), de cuánto te ama Dios, ¡y de que él haría lo que fuera para que lo conozcas!

Kurt y Marko

LO BÁSICO SOBRE LA AMISTAD

1

Capítulo 1

DISEÑADA POR DIOS

Ahí te va un pensamiento radical: Dios te creó para tener amigos, y la amistad en sí misma es algo pensado primeramente por Dios.

Verás... Dios el Padre, Jesús y el Espíritu Santo son todos Dios, ¿cierto? (Sabemos que esto puede resultar confuso, pero aguántanos un poco). Llamamos a eso "la Trinidad": las tres diferentes personas de Dios que son una misma.

No te angusties si eso no tiene sentido para ti. Solo entiende esto: el Padre, el Hijo y el Espíritu Santo existen juntos en comunión, como una intensa y comprometida amistad. Entonces, cuando Dios dice en la Biblia que estamos creados a su imagen (Génesis 1:26-27), esto simplemente significa que en lo más profundo de lo que somos compartimos cierta similitud con el Dios que nos creó. Así que seguramente debemos tener dentro nuestro esa propensión a la amistad profunda.

Se podría decir que tenemos el "chip" necesario para la amistad, o que estamos "programados" para la amistad. Pero está en nosotros usar lo que tenemos.

Piensa en esto también: Dios creó todo lo que existe. Es más, primero Dios lo pensó y *después* Dios lo creó. ¿La risa? ¡Sip! Dios la pensó y luego la creó. ¿Palmeras? ¡Sip! Dios las pensó primero, y luego las creó. ¿Iguanas? Lo mismo. ¿Familias? Exactamente. ¿La amistad? Bueno, creo que ya puedes ver por dónde va la cosa...

Entonces, cuando leas este libro sobre la amistad, cuando pienses en cómo puedes ser mejor amigo, cuando trates de ser un gran amigo o de hacer nuevos amigos, ¡estás acercándote más y más a la persona que Dios quiere que seas!

Cosas que puedes enseñar a tus amigos: Lucille Ball, Jim Carrey, Johnny Depp, Drew Barrymore, Beck, Cuba Gooding Jr., Al Pacino, Demi Moore, Keanu Reeves, y Bruce Willis, todos ellos abandonaron el colegio, ya sea para mantener a sus familias, o porque no encajaban con los chicos de su misma edad, o porque detestaban hacer las tareas escolares, o porque estaban desesperados por iniciar su búsqueda del estrellato.

"LA ESCUELA ES DIFÍCIL. LAS TAREAS SON MÁS DIFÍCILES. ENCONTRAR GRANDES AMIGOS... AUN MÁS DIFÍCIL."

—TAYLOR, 13 AÑOS

Capítulo 2

CAMBIO DE AMISTADES

Ahora que comienzas la escuela secundaria, puede que hayas notado que tus amistades están cambiando. De hecho, hemos hablado con cientos de chicos de esa edad que batallan con esto. A veces se sienten culpables porque ya no quieren pasar tiempo con sus amigos de la infancia. Y a veces se sienten presionados (por sus padres, generalmente) para tener amigos diferentes a los que ya tienen.

Aquí está la cuestión: Tú estás cambiando. (¡No me digas!) Pero en serio, ¡tú estás cambiando MUCHO! De hecho, con excepción del tiempo entre tu nacimiento y tus 3 años, estás cambiando más de lo que jamás cambiaste o volverás a cambiar en tu vida. ¡Eres un monstruo de cambios!

Una de las cosas que más está cambiando es tu cerebro (aunque a veces pienses que lo perdiste por completo... o al menos que lo has extraviado un poco). Así como estás creciendo físicamente (tu cuerpo está cambiando y cosas por el estilo) tu cerebro también está creciendo. Una de las cosas geniales de este cambio en tu cerebro es que te estás convirtiendo en alguien único. Cuando decimos único, no queremos decir "raro" (¡aunque puede que eso también sea cierto!). Solo queremos decir que te estás diferenciando de otras personas... ¡hay uno solo de tu especie!

Piénsalo de esta manera: Si metes a un grupo de niños de cinco años en un cuarto con algunos juguetes, se van a llevar relativamente bien y jugarán juntos (a no ser que uno de ellos sea un tonto en desarrollo que quiera poner tristes a todos los demás). Pero, si metes a un grupo de chicos de trece años en un cuarto con un re-

productor de CDs y muchos discos, lo más probable es que escuches decir "¡Me encanta esta canción!" y simultáneamente escuches "¡Está canción apesta!".

Normalmente los niños pequeños forman amistades basándose en quién vive cerca o con quién pasan más tiempo. Pero los adolescentes forman sus amistades basándose en intereses comunes (y esto seguirá siendo así por el resto de sus vidas). Así que muchos chicos en la escuela secundaria cambian sus razones para tener los amigos que tienen de "porque viven cerca" a "porque nos gustan las mismas cosas".

Este cambio no es fácil. De hecho, la mayor parte de las veces es bastante desagradable. Probablemente se herirán algunos sentimientos, y es casi seguro que habrá algún mal entendido.

Esto es lo que queremos que comprendas: Este cambio en las amistades es normal. Sería fantástico que pudieras ser amable, perdonador y todo ese rollo, con los amigos nuevos y los antiguos. Pero es normal y bueno atravesar este cambio de amistades durante tus años de escuela secundaria.

17

"ODIO CUANDO EN LA ESCUELA PRIMARIA ALGUIEN ES TU MEJOR AMIGO, PERO AL LLEGAR A LA ESCUELA SECUNDARIA DE PRONTO PIENSAN QUE SON DEMASIA- DO GENIALES PARA TI."

—HALY, 12 AÑOS

Capítulo 3

PANDILLAS

Quisimos hablar de este tema al comienzo del libro porque es un tema importante en la escuela secundaria. Y es MUCHO más importante de lo que lo fue en la enseñanza básica.

Algunas personas les llaman pandillas. Lo más probable es que tú no uses esa palabra, sino que los llames "grupos de amigos". Pero hay diferentes tipos de grupos de amigos, ¿verdad? Algunos grupos son abiertos y les dan la bienvenida a nuevos amigos. Su actitud es: "Oye, si quieres pasar tiempo con nosotros, ¡ven!". Son como una fiesta en un parque donde cualquiera puede acercarse y formar parte de ellos porque no existen puertas ni paredes.

Pero otros grupos son cerrados y no precisamente amistosos hacia las nuevas personas. Su actitud es: "Claro que quieres pasar tiempo con nosotros, pero no puedes porque no te queremos". Son como una fiesta en un cuarto cerrado con llave, con un guardia de seguridad en la puerta y un pitbull amarrado al frente. Este estilo de grupo de amigos es lo que llamamos "pandillas".

Aquí tienes un par de palabras e ideas que te ayudarán: Cuando un grupo quiere estar abierto para otros, se considera inclusivo, porque "incluye" a la gente. Pero cuando no está abierto a otros es exclusivo, porque "excluye" a la gente. Los grupos de amigos pueden ser inclusivos o exclusivos, pero las pandillas son generalmente exclusivas.

Bueno, ahora que ya sabemos lo que es una pandilla, hablemos de ellas por un momento.

Primero, es normal querer tener un grupo especial de amigos con los cuales pasar el rato. Es más, no solo es normal, sino que también es sano. Recuerda, Dios nos hizo para estar en comunidad (mira el primer capítulo nuevamente: la amistad fue "Diseñada por Dios").

Segundo, es normal y bueno tener amigos que sean especiales para ti (como tus "mejores amigos"). Jesús también tenía los suyos. Él tenía 12 discípulos que eran como su grupo de amigos, pero tres de estos fueron sus amigos más cercanos.

Por último, el problema solo aparece cuando un grupo de amigos se transforma en una pandilla. Las pandillas no son buenas para nadie: no son buenas para quienes están en ellas ni para quienes desearían estar en ellas. Por eso es que a Dios no le gustan las pandillas. Los grupos exclusivos dañan a la gente, incluso a aquellos que están dentro.

Por esta razón, recuerda que tus años de escuela secundaria serán mucho mejores si intentas formar parte de grupos de amigos abiertos e inclusivos.

Capítulo 4

POPULARIDAD

¿Qué significa para ti "ser popular"? ¿Acaso es tener millones de amigos, o ser parte del grupo "in", o tener la casa más grande, o los papás más geniales, o tener un novio o una novia? La popularidad es diferente para cada uno, pero casi todos quisieran tener un poquito más.

¿A quién no le gusta ser conocido, aceptado, y amado por la gente de su misma edad? Pero veamos algunas realidades de la popularidad y lo que puede significar para ti.

No dejes de ser tú mismo. No hay nada de malo en ser popular. Ser amigo de muchas personas puede ser genial. Pero ten cuidado, no intentes ser popular si el costo es no ser tú mismo, no ser aquella persona que Dios quiere que seas. No dejes que la popularidad te cambie. Y más importante aún, no dejes que el deseo de ser popular haga que cambies la manera de actuar y de ser con tus amigos. Conocemos a muchas personas que trataron de crear un "nuevo yo" para ser más populares. La mayor parte de las veces, tanto ellos mismos como el resto de las personas terminaron descubriendo que les gustaba más el "antiguo yo".

Sé un representante de Jesús. Si te consideras popular, recuerda que la gente te está observando. De hecho, lo creas o no, la gente te está observando aunque no seas popular. ¿Qué es lo que la gente ve? ¿Ven tan solo a otro joven estudiante que es parte del grupo "in"? ¿O ven a alguien a quien la popularidad no se le ha subido a la cabeza? Ser popular y ser cristiano puede ser una combinación difícil. Pero también puede constituir una excelente oportunidad para ser un buen representante de Jesucristo.

Ponlo en perspectiva. La popularidad está muy sobreestimada. Que haya gozo en tu vida no depende de qué tan popular seas. Basta con mirar a esos artistas de cine y atletas profesionales que son súper populares, y que aun así se sienten increíblemente solos. ¿Por qué pasa esto? Porque tienen todo patas para arriba. No se dan cuenta (o se han olvidado) de que la vida no se trata de que otros te conozcan, sino de que Dios te conozca. Dios ama a todos, y quiere que tú hagas lo mismo. Vivir esta verdad durante estos locos años de la escuela secundaria hará que seas el ganador de cualquier concurso de popularidad.

Capítulo 5

¿DEBERÍAS TENER MUCHOS AMIGOS, O SOLO UN PAR?

Realmente no podemos contestar esta pregunta por ti, porque la respuesta es diferente para cada quien. No solo eso, sino que casi todo el mundo pasa por momentos en su vida en donde tiene muchos amigos, y momentos en los que solo tiene unos pocos.

Nosotros dos (Marko y Kurt) tenemos solo unas pocas personas a quienes hemos llamado "amigos del alma", algunos más a quienes hemos llamado "amigos cercanos", y un montón de personas que son nuestros amigos casuales. Hablaremos más acerca de estos "círculos" de amigos en el Capítulo 7, que se titula "Entendiendo los círculos de la amistad".

A menudo (aunque no siempre), las mujeres tienden a tener muchas amigas con las que tienen cercanía, mientras que los varones tienden a tener solo un par de amigos con lo que son realmente cercanos. Las chicas son más propensas a entrar y salir de las amistades y a tener varias "mejores amigas" durante sus años de escuela secundaria, mientras que los chicos tienden a quedarse con el mismo grupo por un tiempo más prolongado.

Cuando se trata de amistades, probablemente sea mejor pensar en calidad en vez de en cantidad. En otras palabras, en lugar de preguntarte: ¿Cuántos amigos tengo?, podrías preguntarte: ¿Qué tan buenas son las amistades que tengo?

De hecho, de eso se trata este libro. No vamos a hablar demasiado sobre secretos para tener más amigos, pero hablaremos bastante sobre cómo hacer tus amistades mucho más fuertes y sanas. A medida que avances por las páginas de este libro, te iremos compartiendo sobre cosas que puedes buscar en un amigo, y sobre formas en que puedes ser tú un mejor amigo.

Entender de qué se trata esto de la amistad es un viaje que dura toda la vida. No lo comprenderás completamente solo porque leas este libro, pero puede que te ayude, y estamos felices de que lo estés leyendo.

COSAS QUE PUEDES ENSEÑAR A TUS AMIGOS: Según una tradición escandinava, si un niño y una niña comen de la misma rodaja de pan, están destinados a enamorarse el uno del otro.

"SOLO TENGO DOS PERSONAS A LAS QUE LLAMARÍA AMIGOS, PERO SON REALMENTE BUENOS AMIGOS".

—RACHEL, 12 AÑOS

24

Capítulo 6

LA AMISTAD Y EL GÉNERO

Tómate un segundo para pensar acerca de lo que te gusta de tus amigos. Chicas, apostamos a que sin esfuerzo pueden pensar en al menos 53 cosas. Chicos, ustedes podrán pensar en al menos tres cosas. Los chicos y las chicas ven sus amistades de manera diferente, y tienen, por lo general, diferentes expectativas sobre sus amistades. Veamos más profundamente cómo funcionan las amistades entre chicos y las amistades entre chicas.

CHICOS:

Es más probable que ustedes busquen amigos que compartan sus intereses y hobbies. La mayor parte del tiempo que comparten con sus amigos no requiere de conversación. De hecho, la mayoría de ustedes preferiría directamente no hablar de nada. Su idea de una tarde perfecta con un amigo podría ser comerse unos snacks, tomarse una gaseosa o una cerveza (o cuatro), y luego sentarse a batallar en una intensa sesión de su videojuego favorito. O puede ser que implique pasar la tarde en el parque, o comenzar un partido de fútbol en la calle. Suena como la forma perfecta de pasar el día con un amigo, o dos o tres. Y pueden hacer todo esto sin siquiera tener que hablar. Gruñir, sí. Hablar, no mucho...

Claro, habrá ocasiones en las que hablarán sobre cosas más profundas, y tal vez esas conversaciones los llevarán a discutir. De vez en cuando pueden enojarse y gritarse unos a otros, y tal vez hasta golpearse un poco. Pero para los chicos eso no es gran cosa. Es todo parte de ser amigos.

COSAS QUE PUEDES ENSEÑAR A TUS AMIGOS:
El 53% de las chicas norteamericanas respondió en una encuesta que terminaría con su novio si el Día de San Valentín no les regalara nada.

CHICAS:

¡Sus amigas son su vida! Hacen todo juntas. Hablan todo el tiempo, de todo y de todos. Hablan del chico guapo que se sienta a su lado en las clases de matemáticas, hablan de la última moda, de la nueva chica en el colegio y así siguen y siguen y siguen. Cuando están juntas, un minuto pueden reírse histéricamente y al otro minuto llorar hasta no tener más lágrimas. Pueden dejar sorda a su amiga de tanto hablar, pero también son capaces de escuchar todo lo que ella tiene que decir. Se dan consejos, hablan horas por teléfono, se escriben notas durante las clases, y recuerdan sus cumpleaños con globos y ramos de flores. Ustedes son MAPS (mejores amigas por siempre), y harán todo lo posible para mantenerse en contacto.

Como los chicos, también habrá momentos en los que no estarán de acuerdo con sus amigas. Y cuando las chicas discuten sobre algo, ¡cuidado! Puede ponerse feo. Los chicos normalmente superan sus peleas con facilidad, pero las chicas pueden estar enojadas por días, meses, e incluso años.

Puede que chicos y chicas experimenten la amistad de maneras diferentes, pero en el fondo ambos buscan la misma cosa: ser aceptados y amados por alguien con quien puedan compartir el camino de la vida.

Capítulo 7

ENTENDIENDO LOS CÍRCULOS DE LA AMISTAD

Este capítulo va a requerir que escribas un poco, así que busca un lápiz. (Si piensas prestar este libro, o si te lo prestaron a ti, tal vez puedas buscar también una hoja de papel para copiar el dibujo y de ese modo no escribir sobre el libro). Te esperamos...

Ok, ¿estás listo? Mira los círculos que están al final de la siguiente página. Son lo que llamamos "círculos de la amistad". Todos tus amigos están dentro de alguno de esos círculos.

El círculo más grande, el que está más afuera, es el de tus amigos casuales. Los amigos casuales son gente con la que pasas tiempo en el colegio, en la reunión del grupo de jóvenes, o en tu equipo de deporte, pero lo más probable es que no pases con ellos más tiempo que ese. Tómate unos minutos y piensa en algunos de tus amigos casuales. Escribe sus nombres dentro del círculo grande.

El círculo que le sigue es aquel donde están tus amigos cercanos. Tú ves a esta gente como buenos amigos, aquellos con los que pasas tiempo después del colegio, con los que vas al cine, o incluso se quedan a dormir en tu casa. ¿Quiénes son tus amigos cercanos? Escribe sus nombres en el segundo círculo.

El tercer círculo, el más pequeño, es el de tus amigos del alma. Los amigos del alma son los más cercanos y más importantes para ti. Estos son los amigos en los que verdaderamente confías, los amigos con los que pasas prácticamente todo el tiempo. Tal vez tengas un solo amigo del alma, y eso está bien. Escribe el nombre o los nombres de tu(s) amigo(s) del alma en el tercer círculo.

Es importante que entiendas que cuanto más cerca permitas que esté un amigo, más influencia tendrá en tu vida. En otras palabras, tus amigos del alma tienen mucha más influencia sobre ti que tus amigos casuales. Y eso está bien mientras tengas a las personas correctas en el círculo de tus amigos del alma. Si permites que las personas equivocadas se conviertan en tus amigos del alma, esto puede causarte todo tipo de problemas.

Habrás notado que hay más espacio para escribir en el círculo de más afuera, el de los amigos casuales, que en el círculo de los amigos cercanos. También hay más espacio para escribir los nombres de tus amigos cercanos que los de tus amigos del alma. Eso es así en este dibujo, como también lo es en la vida real. Dado que los amigos casuales no toman mucho de tu tiempo y energía, puedes tener más de ellos. Pero los amigos del alma toman mucho tiempo y energía, por lo que es más probable que tengas menos de estos.

Ok, ya puedes guardar tu lápiz.

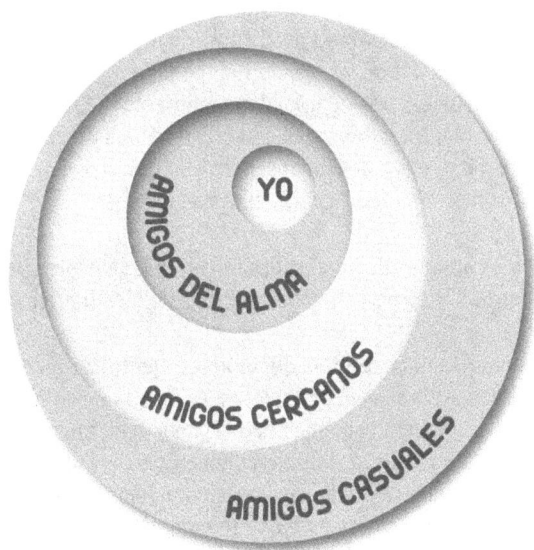

Capítulo 8

EL PODER DE LAS AMISTADES

Hay cientos de razones por las que todos necesitamos amigos. Las personas con las que decidimos conectarnos son cruciales, porque pasamos mucho tiempo con ellas yendo al colegio o a la iglesia, practicando algún deporte, hablando por teléfono, mandando mensajes de texto, compartiendo nuestro tiempo libre, etc.

La Biblia, en Eclesiastés 4:12, dice "Uno solo puede ser vencido, pero dos pueden resistir. ¡La cuerda de tres hilos no se rompe fácilmente!"

¿Alguna vez has tratado de cortar una hebra de lana? Es muy fácil. ¿Qué tal dos hebras al mismo tiempo? Bueno, eso es un poco más difícil. ¿Qué tal tres hebras al mismo tiempo? Eso es mucho más complicado. Nuestras vidas son como hebras de lana. Estando solos somos fácilmente derribados, pero con uno o dos amigos a nuestro lado somos más fuertes. ¡Mucho más fuertes!

Veamos algunas de las razones de por qué las amistades son tan poderosas, y cómo podemos nosotros ser más fuertes gracias a ellas.

Mis amigos conocen mis debilidades. Dentro de un equipo, no todos son buenos para las mismas cosas. Así que la única forma de que ese equipo sea fuerte es conociendo las debilidades los unos de los otros. En la vida, cuando tus amigos conocen tus debilidades, pueden fortalecerte. Te pueden cuidar, ayudarte cuando estás luchando, y pedirte que les rindas cuentas para que te mantengas seguro.

Mis amigos comparten algunas de mis metas. ¿Has visto alguna vez una buena película sobre deportes, como "Duelo de titanes" o "Más que ídolos"? Para llegar a ser un equipo exitoso, todos en el equipo deben compartir el mismo objetivo. En la vida, ¿cuál es tu objetivo? ¿Ser una buena persona? ¿Respetar a quienes te rodean? ¿Seguir a Jesús? Sean cuales sean, es sabio tener amigos que compartan algunos de tus objetivos, porque así se pueden ayudar mutuamente a cumplirlos.

Mis amigos me cuidan. Afortunadamente, ninguno de ustedes ha tenido que pelear en una guerra de verdad. Bueno, tal vez hayan participado de una guerra de bolas de nieve, pero eso no es de lo que estamos hablando. En situaciones de guerra verdaderas, los soldados nunca caminan solos. Se mueven en grupos para que puedan ver al enemigo en cualquier dirección. En la vida, también estamos en una batalla. Nuestro enemigo, el diablo, realmente desea arruinarnos las cosas, así que se aproxima desde diferentes puntos y en diferentes situaciones. Queremos amigos que nos cuiden y protejan, no solo físicamente, sino espiritualmente también.

No subestimes el poder de los buenos amigos.

"LO MEJOR DE TENER **AMIGOS** ES QUE SABES QUE **NUNCA ESTÁS** SOLO."

—MARIAH, 13 AÑOS

CONSEJOS DE PROVERBIOS SOBRE LA AMISTAD

2

Capítulo 9

PROVERBIOS 27:6

El libro de Proverbios en la Biblia está lleno de geniales trocitos de sabiduría. Un hombre llamado Salomón, que según dice la Biblia fue el hombre más sabio que jamás haya vivido, escribió el libro de Proverbios. Leer este libro es como abrir un montón de "galletas de la suerte", pero cristianas.

Proverbios tiene mucho que decir acerca de la amistad, y hemos escogido cinco de nuestros trocitos favoritos de consejos y sabiduría...

"MÁS CONFIABLE ES EL AMIGO QUE HIERE QUE EL ENEMIGO QUE BESA". (Proverbios 27:6)

Un versículo interesante, ¿no es así? Pero cuando te pones a pensar en ello, tiene realmente mucho sentido. Otra manera de decir esto sería: "Un buen amigo te dice lo que necesitas escuchar, mientras que alguien que no se preocupa verdaderamente por ti te dirá lo que quieres escuchar".

Veamos esto en una situación de la vida real: Empiezas a pasar el rato con un grupo de chicos más agresivo, y para poder pertenecer comienzas a cambiar la forma en que actúas normalmente. Mientras más cambias, más te aceptan e incentivan a cambiar tus nuevos amigos. Tú sabes que no te estás comportando como debes, pero realmente te gusta toda la atención que estás recibiendo.

Mientras tanto, uno de tus amigos del alma, alguien que has conocido por bastante tiempo, se ha dado cuenta de que estás actuando diferente. Un buen día, este amigo te hace a un lado y te dice que te estás comportando como un tonto y que necesitas corregirte. Las probabilidades de que la conversación te hiera un poquito son altas. Después de todo, a nadie le gusta que un amigo le haga un llamado de atención.

COSAS QUE PUEDES ENSEÑAR A TUS AMIGOS: Según como leas las estadísticas, podría decirse que no estar casado puede acortar la vida de un hombre en 10 años.

Este versículo de Proverbios dice que hay verdaderos amigos y hay personas que solo actúan como si fueran amigos. Un verdadero amigo te cuida y quiere lo mejor para ti... incluso si eso duele. Un verdadero amigo no hace ni dice cosas que te hieran a propósito, pero tampoco tiene miedo de herirte un poquito si eso te ayuda a mantenerte en el buen camino.

Capítulo 10

PROVERBIOS 12:26

"EL JUSTO ES GUÍA DE SU PRÓJIMO, PERO EL CAMINO DEL MALVA-
DO LLEVA A LA PERDICIÓN". (Proverbios 12:26)

El libro de Proverbios está lleno de todo tipo de buenos consejos.
Y este versículo tiene un tremendo consejo para darnos acerca de
los amigos. ¿Puedes darte cuenta de lo que dice? Este es el mismo
versículo en otra versión:

"EL BUEN AMIGO DA BUENOS CONSEJOS; EL MALVADO SE PIERDE
EN SU MALDAD". (Proverbios 12:26, BLS)

¿Ves? Es bastante claro. El autor de Proverbios te está diciendo:
"No seas tonto. Escoge a tus amigos con cuidado". Pero, ¿por qué
dice la Biblia que debemos escoger a nuestros amigos con cuidado?
La respuesta está en el versículo. Tus amigos, las personas con las
que pasas una gran cantidad de tu tiempo, ya sea que lo quieras, lo
sepas, te interese o no, tienen un impacto gigante en tu vida.

Esto no significa que debas tener amigos que sean exactamente
iguales a ti en todo. Y ciertamente no significa que debas tener úni-
camente amigos cristianos. Solo significa que debes ser sabio. Debes
tener cuidado. Debes preguntarte: ¿Cómo me están influenciando
mis amigos? ¿Quiero ser influenciado de esta manera?

Capítulo 11

PROVERBIOS 17:9

Ahí te va un boletín informativo de último momento: ¡No existe lo que se podría llamar una "amistad perfecta"! Y la razón por la cual no existen las amistades perfectas es que las amistades involucran a las personas, y no existen personas perfectas. Puedes tener un cabello perfecto, puedes obtener una calificación perfecta en un examen de matemáticas, pero tú no eres perfecto.

Dios sabe que aun entre los buenos amigos sucederán cosas que no deberían suceder. Palabras dañinas serán pronunciadas a propósito, y el egoísmo, los chismes y los celos también aparecerán. A veces será tu culpa, otras veces la de tus amigos. Pero no importa quién comete la falta, cuando algo malo ocurre en una amistad, tú tienes una decisión que tomar. Este versículo de Proverbios te lo explica:

"EL QUE PERDONA LA OFENSA CULTIVA EL AMOR; EL QUE INSISTE EN LA OFENSA DIVIDE A LOS AMIGOS". (Proverbios 17:9)

Cuando escoges perdonar, estás permitiendo que tu amistad crezca y se mejore. Una amistad que haya pasado por tiempos difíciles puede resultar mejor que antes, si es que se ha ofrecido y aceptado el perdón.

Pero cuando escoges no perdonar, o escoges guardar rencor, estás permitiendo que lo ocurrido te separe de tu amigo. La Biblia usa la frase "el que insiste en" porque significa que te rehúsas a dejarlo ir. La palabra "insistir" se refiere a que no perdonas a esa persona, sino que le recuerdas su error una y otra vez. "Insistir" significa que, aun cuando tu amigo te ha dicho que lo siente, tú le recuerdas una y otra

vez aquella ocasión en la que... bueno, lo que sea que haya hecho.

Tú no eres perfecto y tampoco lo son tus amigos. Si eres como la mayoría de los chicos en edad de escuela secundaria, tus amigos seguramente ya te habrán hecho algunas cosas bastante tontas. La mayor parte de los chicos escogen "insistir" en esas faltas y permitir que se debilite la amistad. Pero tú puedes ser diferente. Puedes escoger perdonar a tu amigo. Y cuando lo hagas, te sorprenderás de cuánto crecerá tu amistad.

COSAS QUE PUEDES ENSEÑAR A TUS AMIGOS: El 98% de los hogares en los Estados Unidos tiene al menos un aparato de televisión.

Capítulo 12

PROVERBIOS 18:24

Si le preguntas a un grupo de personas qué cualidades desean que tengan sus amigos, hay una palabra que seguro estará dentro de las principales en casi todas las listas: fidelidad. Las personas desean que la fidelidad sea parte de sus amistades. ¿Adivinas qué? Dios también desea esto.

"HAY AMIGOS QUE LLEVAN A LA RUINA, Y HAY AMIGOS MÁS FIE-LES QUE UN HERMANO". (Proverbios 18:24)

Ser fiel significa ser leal a tus amigos. Significa tener un compromiso con ellos. La lealtad en una amistad significa que te mantienes a su lado en los buenos y malos tiempos. Suena fácil, ¿cierto? No, probablemente ya habrás aprendido que crear una relación de lealtad con tus amigos casi nunca es fácil. Esto es porque:

La lealtad toma tiempo. Desarrollar una relación de lealtad entre amigos no ocurre de un día para otro. La lealtad se desarrolla con el tiempo.

La lealtad es malinterpretada. ¡Esto es importante! Ser un amigo leal implica ser fiel y comprometido, y eso a veces significa tener que llamar la atención de un amigo cuando está tomando malas decisiones o cuando se está involucrando en cosas que pueden herirlo a él o a otros. Muchos, pero muchos chicos en la escuela secundaria, saben que sus amigos están en problemas, pero no hacen nada al respecto porque piensan que estarían traicionando a sus amigos. A veces ser leal a un amigo implica hablar... incluso cuando tu amigo no quiera escucharlo, y aun si él confunde tu lealtad con la traición. (¿Recuerdas Proverbios 27:6?) Por favor escúchanos en esto. Ser

leal no significa ser un chismoso cada vez que tu amigo hace algo equivocado, pero sí significa estar dispuesto a enfrentarlo y pedir la ayuda de un adulto si la conducta de tu amigo es peligrosa.

La lealtad se pone a prueba... muchas veces. Tu amigo cometerá errores. Tú cometerás errores. Tu amigo dirá cosas que herirán tus sentimientos, y tú dirás cosas que herirán sus sentimientos. La lista de cosas que pueden hacer pedazos tu amistad es muy larga. Sin embargo, la lealtad es una calle de doble vía. Al ir creciendo la amistad, tu amigo hará menos cosas que puedan lastimar la amistad, y tú sabrás perdonar más fácilmente cuando esto ocurra. Tú también harás menos cosas que hieran la amistad, y tu amigo sabrá perdonarte también.

La lealtad es una parte importantísima en una amistad sana. Debes esperarla de tus amigos, y más importante aún, debes esperarla de ti mismo.

Capítulo 13

PROVERBIOS 27:17

Una de las genialidades de la Biblia es la manera en que Dios emplea descripciones visuales o imágenes para ayudarnos a comprender de qué está hablando. El pequeño versículo a continuación nos da una idea de algo que Dios piensa que es verdaderamente importante en una amistad:

"EL HIERRO SE AFILA CON EL HIERRO, Y EL HOMBRE EN EL TRATO CON EL HOMBRE." (Proverbios 27:17)

¿Has pensado en cómo sería la vida sin los cuchillos? ¿Cómo esparciríamos la mantequilla sobre el pan? ¿Cómo limpiarías aquel pescado fresco que acabas de pescar? ¿Cómo cortarías esa chuleta gigante y jugosa que te hace agua la boca? ¿Qué usaría tu abuelo para tallar ese palito? Una vida sin cuchillos haría que las tareas cotidianas fueran bastante más difíciles.

A veces, un cuchillo sin filo puede ser peor que no tener cuchillo. Un cuchillo sin filo no sirve para nada, especialmente si estás tratando de cortar un filete de carne. Hasta podrías sentir que el cuchillo te ha decepcionado. Puede ser muy frustrante.

Este versículo de Proverbios dice que los cuchillos y las amistades tienen un par de cosas en común: ambos necesitan ser afilados, y en ambos casos se usan mutuamente para este proceso de sacar filo. Las personas afilaban el hierro (material con el cual se hacían los cuchillos en los tiempos bíblicos) con otro pedazo de hierro, tallando las dos piezas una contra otra hasta que se obtenía el filo del cuchillo.

COSAS QUE PUEDES ENSEÑAR A TUS AMIGOS: El primer "hombre malboro" (el tipo con bigote que andaba a caballo por el campo) murió de cáncer de pulmón.

Dios compara este concepto de afilarse los cuchillos unos contra otros con las relaciones con nuestros amigos. Él quiere que seamos el tipo de amigo que hace que nuestros amigos sean más fuertes o más filosos. Él nos anima a ayudarlos a que se afilen de modo que estén mejor preparados a fin de hacer aquello para lo que Dios los creó.

Una buena amistad es aquella en la que los amigos obtienen filo uno del otro y se elevan mutuamente. Una amistad pobre es aquella en la que uno hace que el otro tenga menos filo y se empujan mutuamente hacia abajo.

La vida sin cuchillos buenos y afilados no sería para nada grata. La vida sin amistades buenas y afiladas sería peor aún. ¿Tus amistades, cortan bien?

¡YO FUI UN TONTO EN LA ESCUELA SECUNDARIA! – KURT

Comenzó como cualquier otro viernes por la noche en mi primer año de escuela secundaria. Yo estaba pasando la noche en la casa de Mike Pace, sus padres estaban fuera con unos amigos, y estábamos aburridos. Andábamos dando vueltas por la casa buscando algo qué hacer, cuando su hermano mayor, John, nos gritó para que entráramos a la cocina. Sobre la estufa, en un gabinete de difícil acceso, había una vieja lámpara de aceite. Junto a la lámpara había una lata de gasoil, un aceite altamente inflamable.

Error # 1: Pensamos que sería divertido llenar la lámpara con gasoil y encenderla, así que John se subió a una silla y tomó la lámpara y el gasoil del gabinete en el cual habían estado guardados de forma segura durante años.

Error # 2: Destapamos con entusiasmo la parte superior de la lámpara y la llenamos hasta desbordar con gasoil. Literalmente la llenamos hasta desbordar, y nos reímos nerviosamente mientras observábamos cómo se derramaba el gasoil por la parte superior de la lámpara hacia la estufa.

Error # 3: Encendimos la lámpara de todos modos. Pero dado que había petróleo por toda la lámpara y además sobre la estufa, no solo encendimos la lámpara... sino también la parte superior de la estufa.

Error # 4: Entramos en pánico al ver cómo la lámpara entera y gran parte de la estufa se encendieron en llamas. De algún modo

pensé que sería una buena idea quitar la lámpara de sobre la estufa, derribándola para que cayera al suelo, cosa que hice. Tan pronto como la lámpara golpeó el suelo, se hizo pedazos, y el gasoil se desparramó por toda la cocina. ¡Aceite encendido, con llamas de fuego!

Error # 5: Mike corrió hacia afuera, al patio trasero, sumergió una gran cubeta en su piscina hasta llenarla, corrió de vuelta a la casa, y arrojó el agua sobre el fuego aceitoso. De pronto aprendimos lo que tú probablemente ya sabes: El aceite y el agua no se mezclan. En lugar de apagar el fuego, el agua solo propagó más el fuego, porque el gasoil flotaba en la superficie del agua y las llamas iban a cualquier parte que el agua fuera.

Los tres nos quedamos allí en estado de shock, mientras veíamos las llamas propagarse desde la cocina hacia el comedor. Finalmente John, que era mucho mayor y más sabio (él era tres años mayor que nosotros), tuvo una idea. Agarró varias mantas, las sumergió en la piscina, y luego las arrojó encima de las llamas, sofocándolas.

Error # 6: Después de limpiar el desastre, notamos que el fuego había dejado algunas marcas en varias de las paredes. La mayoría de los chicos hubieran sido lo suficientemente inteligentes como para dejar las cosas como estaban y simplemente contarles a sus padres lo que pasó. Después de todo, había sido un error involuntario. Un GRAN error, pero involuntario al fin. Lamentablemente, no fuimos muy inteligentes. ¡Decidimos tratar de pintar toda la cocina antes de que los padres de Mike y John llegaran a su casa!

De alguna manera, pensamos que sus padres no advertirían el olor a pintura fresca. Como he dicho, no éramos muy inteligentes.

AMISTADES BÍBLICAS

3

Capítulo 14

JONATÁN Y DAVID

Hay todo tipo de amistades en la Biblia, tanto en el Antiguo como en el Nuevo Testamento, sobre las cuales podemos estudiar y aprender hoy en día. Notarás que las amistades bíblicas son muy parecidas a las que tenemos en la actualidad. Todas tuvieron su cuota de momentos buenos, pero también bastantes momentos malos. Al introducirnos de lleno en estas amistades bíblicas, piensa en tus propios amigos y hazte una pregunta: *¿Tengo alguna amistad que se parezca a esta amistad bíblica? De no ser así, ¿hay alguna persona que yo conozca que podría llegar a ser este tipo de amigo?*

Al leer sobre la amistad de Jonatán y David, puedes sentir los lazos profundos que tenían entre ellos. No fue una amistad que se desarrolló de un día para otro, sino que necesitaron pasar mucho tiempo juntos. Hay muchas cosas que podemos aprender de Jonatán y David, pero hay una cualidad en particular que se destaca del resto: el sacrificio.

Para la mayor parte de los chicos de la escuela secundaria, sacrificarse por un amigo significa darle un pedazo de tu pastel a la hora del almuerzo. Pero estos dos comprendieron de qué se trata el sacrificio dentro de una amistad. Veamos entonces rápidamente los sacrificios que hicieron el uno por el otro:

Tiempo. El tiempo es algo frágil. Probablemente sientas que ya estás muy ocupado y que no tienes tiempo para todas las cosas que tienes que hacer. A medida que vayas creciendo, lo más probable es que sientas que tienes menos tiempo aún. Cuando ves la amistad de David y Jonatán, puedes ver que aunque la vida era bastante ocupada para ambos, hacían sacrificios para pasar tiempo juntos. Como resultado, su amistad fue muy fuerte.

Energía. La amistad de Jonatán y David también nos muestra un sacrificio de energía. Aun después de un día largo y agotador, ellos se esforzaban a fin de tener la energía necesaria para aconsejarse y motivarse mutuamente, y para orar el uno por el otro. Es fácil decir que estás demasiado cansado para hablar, escuchar o pasar tiempo juntos, pero una amistad que incluye sacrificio necesita un poco más de energía extra, aun cuando piensas que ya no te queda más.

Humildad. Jonatán y David eran ambos lo suficientemente humildes como para poner las necesidades del otro por sobre las propias. Se sacrificaban, considerando a su amigo como más importante que ellos mismos. En un momento dado, Jonatán le dijo a David que podía contar con él para pedirle que hiciera cualquier cosa, lo que fuera necesario (1 Samuel 20:4).

Jonatán y David tenían una amistad que implicaba dar y recibir. En otras palabras, ambos se sacrificaban por el otro. No era un trato de un solo lado, sino un equilibrio bastante saludable. Un equilibrio de sacrificio. Algo que todos deberíamos luchar por lograr en nuestras amistades.

Capítulo 15

SADRAC, MESAC Y ABEDNEGO

Estos tres amigos, cuya historia se encuentra en el Antiguo Testamento en el libro de Daniel (TIENES que leerla, ¡es maravillosa!) pasaron por muchas cosas bastante difíciles juntos. Y se cree que ellos eran adolescentes cuando todo esto sucedió.

Primero, se los llevaron a 1500 kilómetros de distancia de sus casas y sus familias, a una escuela tipo "internado" que era dirigida por un rey que quería lavarles el cerebro en contra de la religión que ellos profesaban. Incluso les cambiaron sus nombres. Sadrac hasta entonces había sido Ananías; Mesac había sido Misael, y Abednego había sido Azarías.

Una vez que estuvieron viviendo en su nueva "escuela", se esperó de ellos que dejaran de lado todo lo que creían acerca de Dios. De hecho, el rey (quien personalmente había creado ese internado de lavado de cerebros) ordenó a los fabricantes reales de estatuas que hicieran una estatua de oro gigante de él mismo. Y luego ordenó a todos en el reino (incluyendo a los chicos de este internado) que se arrodillaran y la adoraran. ¡Vaya, este tipo sí que tenía en su interior problemas sin resolver! Ah, y para colmo, este rey dijo que cualquiera que no se arrodillara frente a la estatua sería arrojado a un horno de fuego. Lindo momento, ¿eh?

Bueno, Sadrac, Mesac y Abednego no lo hicieron. Ellos no iban a arrodillarse frente a la gigantesca estatua de un rey. ¡QUE VALENTÍA TAN GRANDE! ¡En serio! Estos adolescentes sabían las consecuencias de lo que estaban haciendo. De hecho, eran tan valientes que cuando estuvieron amarrados y a un paso de ser arrojados al horno, dijeron: "Si se nos arroja al horno en llamas, el Dios al que servimos puede librarnos del horno y de las manos de Su Majestad. Pero aun si nuestro Dios no lo hace así, sepa usted que no honraremos a sus dioses ni adoraremos a su estatua" (Daniel 3:17-18).

COSAS QUE PUEDES ENSEÑAR A TUS AMIGOS: La Mona Lisa no tiene cejas. la moda en Florencia, en el renacimiento, era afeitárselas.

¿Tienes tú amigos como estos? ¿Tienes amigos que te den fuerza y coraje a fin de vivir para Dios? Oye lo que te decimos: Esa es la mejor clase de amigos que puedes tener en la vida.

Capítulo 16

LOS HOMBRES VALIENTES DE DAVID (LOS AGUATEROS)

Mira esta historia que está en 2 Samuel 23:

> En otra ocasión, tres de los treinta más valientes
> fueron a la cueva de Adulán, donde estaba David.
> Era el comienzo de la siega, y una tropa filistea
> acampaba en el valle de Refayin. David se encontraba
> en su fortaleza, y en ese tiempo había una guarnición
> filistea en Belén. Como David tenía mucha sed, excla-
> mó: «¡Ojalá pudiera yo beber agua del pozo que está
> a la entrada de Belén!» Entonces los tres valientes se
> metieron en el campamento filisteo, sacaron agua
> del pozo de Belén, y se la llevaron a David. Pero él no
> quiso beberla, sino que derramó el agua en honor al
> Señor y declaró solemnemente: «¡Que el Señor me
> libre de beberla! ¡Eso sería como beberme la sangre
> de hombres que se han jugado la vida!» Y no quiso
> beberla (2 Samuel 23:13-17).

David y todos sus guerreros estaban acampando en una cueva, tratando de evitar una gran batalla. Estaban bastante seguros, ya que
esta cueva estaba muy bien protegida. Pero también estaban muy
aburridos y extrañaban mucho sus hogares. Una noche se encontra-
ban pasando el rato alrededor de una fogata, contando historias o
algo por el estilo, y David dejó ver lo mucho que extrañaba su hogar
al mencionar que añoraba tomar un poco de esa agua tan sabrosa

de aquel pozo cerca de su casa en la ciudad.

Por su puesto, no había casi ninguna posibilidad de tomar agua de ese pozo, porque el enemigo estaba acampando en el valle entre la cueva y el pozo. Y para peor, los líderes del ejército enemigo estaban acampando *justo dentro* de la ciudad en la cual se hallaba este pozo.

Pero tres de los hombres decidieron que sería grandioso poder darle a David un trago de esa agua. Así que más tarde esa misma noche, se escabulleron a través del campamento enemigo y llegaron hasta el pozo. Tomaron algo de agua para llevarle y se fueron de regreso a la cueva. Podrían haberlos pillado y matado muy fácilmente...

¿Tienes amigos que te motiven a hacer cosas para Dios aunque parezcan un poco locas? Por ejemplo, ¿tienes amigos que te motiven a decir la verdad? ¿O que te motiven a decir "NO" frente a cosas que no honran a Dios? ¿O que te motiven a hablarles de Jesús a quienes no lo conocen? Hacer este tipo de cosas, cosas que son tan difíciles de hacer que parecen locura, es mucho más fácil (y más entretenido) cuando tienes amigos que están a tu lado. ¡Hazte de amigos que estén locos por Dios!

Capítulo 17
PABLO Y BERNABÉ

Una de las partes más difíciles de ser cristiano cuando estás en la escuela secundaria es vivir de manera que otros, por tu ejemplo, quieran conocer más de Jesús. Sabemos que debemos hablarles a los demás acerca de cuánto Dios los ama, pero nos asusta un poco la idea.

Pablo y Bernabé tenían una amistad única, y algo que hacían bastante seguido era hablarles a otros acerca de la iglesia y de Jesucristo. Como cristianos con un gran deseo de alcanzar a quienes no tenían una relación personal con Cristo, ellos compartían las buenas nuevas de Jesús casi a diario. Eran un gran dúo.

Estos tipos trabajaban muy bien juntos, y eran súper exitosos cuando se trataba de conseguir un objetivo en común. Se complementaban: donde uno flaqueaba, el otro era fuerte. Si existiera un deporte llamado "alcanzando a las personas", Pablo y Bernabé hubieran sido una gran dinastía, como Los Angeles Lakers en los años ochenta, o Los Patriotas de Nueva Inglaterra en los años 2000. Viajaban de pueblo en pueblo en sus camellos (o burros) y juntos les presentaban a miles de personas la maravillosa historia de Jesús, de una manera real y relevante.

Sin embargo, no todo era un jardín de rosas cuando Pablo y Bernabé caminaban juntos. (Una vez tuvieron una gran discusión que dañó su amistad por un tiempo). Pero el deseo común que tenían de compartir el amor de Dios los unía de manera muy especial. Piensa en lo difícil que habría sido si cualquiera de los dos hubiera emprendido esta tarea solo. No estaban siempre juntos cuando le hablaban a la gente sobre Jesús, pero sabían que no estaban solos tampoco. Cada uno sabía que su compañero estaba haciendo lo mismo en algún otro lugar.

COSAS QUE PUEDES ENSEÑAR A TUS AMIGOS:
Las manzanas son más efectivas que la cafeína para ayudar a despertarte en la mañana.

¿Qué tal si tú o uno de tus amigos decidieran que es tiempo de comenzar a hablarles a otros acerca del amor de Dios y de su Hijo, Jesús? Sí, te asustaría. Sí, sería riesgoso. ¡Pero qué experiencia!

La amistad de Bernabé y Pablo marcaba una diferencia en el mundo que les rodeaba. Tú y tus amistades también pueden marcar una diferencia.

Capítulo 18

LOS DISCÍPULOS

¿Te has preguntado alguna vez cómo habría sido ser uno de los doce discípulos de Cristo? Estos doce amigos cercanos de Jesús pasaban tiempo hablando, riendo y enseñando con él, acompañándolo cuando hacía milagros sorprendentes, sentándose con él alrededor de una fogata tostando malvaviscos (o higos), o pidiéndole consejos sobre de la vida. Pasaron horas y horas juntos cada día durante aproximadamente tres años.

Jesús escogió a doce hombres comunes y corrientes para entrenarlos y enseñarles acerca de las cosas de Dios y su plan para la humanidad. Hizo esto a fin de preparar a los discípulos para lo que quería que hicieran cuando su ministerio en esta tierra ya hubiese acabado. Además de todos los buenos momentos con Jesús, los discípulos tuvieron su cuota de inseguridad, dudas y presiones. También tuvieron desacuerdos entre ellos en algunas ocasiones, y permitieron que los celos y la envidia afectaran su amistad.

Podemos ver algo de esto en Marcos 9:33-35:

> Llegaron a Capernaúm. Cuando ya estaba en casa, Jesús les preguntó:
> —¿Qué venían discutiendo por el camino?
> Pero ellos se quedaron callados, porque en el camino habían discutido entre sí quién era el más importante.
> Entonces Jesús se sentó, llamó a los doce y les dijo:
> —Si alguno quiere ser el primero, que sea el último de todos y el servidor de todos.

Podemos ver cómo los discípulos pasaron un buen rato discutiendo y comparándose unos con otros. Discutían sobre cuál era el más grande, y se preguntaban cosas tales como: *¿Quién es más cercano a Jesús? ¿Quién ha enseñado frente a más personas? ¿Quién es el más inteligente entre nosotros? ¿Quién va en el camello más cercano a Jesús?* Los versículos que acabas de leer nos muestran cómo Jesús puso a los discípulos en su lugar y así puso todo en perspectiva.

Lo que ocurrió entre los discípulos es algo de lo que podemos aprender si miramos nuestras propias amistades. Jesús no quiere que nos comparemos con otros porque eso invita a que les entren celos a nuestras amistades. No mires aquello que tiene tu amigo que tú no tienes. En cambio, mira lo que sí tienes y piensa cómo puedes usarlo para fortalecer tu amistad.

Lo dice Jesús: Para poder ser el mejor amigo que exista, lo primero que necesitas es la habilidad de saber ser el último... de ser un siervo para el resto.

Nada se compara a esta clase de amigo.

Capítulo 19
LOS AMIGOS DE JOB

¿Conoces la historia de Job? Es una buena historia, y dice más o menos así: Job era un tipo increíble que amaba a Dios y era ultra justo (en el sentido de que hacía las cosas muy bien). Un día, Satanás estaba alardeando de que los humanos jamás permanecerían fieles a Dios si en sus vidas ocurrieran cosas lo suficientemente malas. Dios le dijo que ese no sería el caso de Job. Entonces Satanás se desquitó con Job para ver si lograba hacer que le diera la espalda a Dios. Job perdió todo: sus riquezas, sus campos, su hogar, sus hijos, incluso su propia salud...

Entonces aparecieron los amigos de Job, tres de ellos. Hicieron una cosa muy buena y luego hicieron varias cosas bien tontas. Hablemos un poco de esta gran cosa que hicieron primero.

Job experimentaba mucho dolor (físico, sí, pero además emocional). Estaba sentado en el polvo, probablemente llorando, y ciertamente sintiéndose muy, muy triste. Él no decía nada, solo estaba ahí, muy triste. Entonces vinieron sus amigos y se sentaron a su lado. Y... ¿estás listo para esto?... ¡no dijeron nada por días! De veras. Se sentaron con él en silencio por días. ¿No es genial? Sabían que su dolor era muy, muy profundo, y que lo último que necesitaba era escucharlos parlotear.

Cuando tu amigo está en dolor, es posible que desee hablar. Pero la mayoría de las veces es muy apreciado tener a alguien con quien sentarse y no hablar.

En fin, luego los amigos de Job se pusieron algo tontos. Comenzaron a darle malos consejos. Le decían que su vida era un desastre por las cosas que él había hecho. Ahora bien, es muy cierto que a veces nuestras vidas son un desastre por las cosas que hacemos. Sin embargo, este no era el caso de Job, y él trataba y trataba de decirles esto a sus amigos. Pero ellos no lo dejaban en paz y le repetían que todo esto se debía a que él había pecado.

COSAS QUE PUEDES ENSEÑAR A TUS AMIGOS:
El encendedor de cigarrillos fue inventado antes que los fósforos o cerillos.

Si tu amigo está sufriendo, puede que sea por algunas malas decisiones que haya tomado, ¿verdad? Pero muchas veces nuestros amigos están sufriendo simplemente porque les han sucedido cosas malas... como a Job. No agrandes su dolor siendo como los amigos de Job.

Capítulo 20

LA AMISTAD DE JESÚS CON PEDRO

Pedro era uno de los 12 discípulos. La Biblia nos dice que Jesús amaba mucho a Pedro. Eran amigos que compartían la vida, se respetaban y se conocían muy bien. Había momentos en que no necesitaban decir nada para comunicarse uno con el otro... solo una mirada lo decía todo. Algo así como esa mirada que te da tu mamá cuando está muy enojada por algo.

Pedro mostraba cotidianamente su amor y devoción por Jesús. Él se mantenía fiel en su pasión y deseo de seguir a Jesús. Era tan sólida la creencia y la convicción que Pedro tenía con respecto a Jesús, que el mismo Jesús le puso a Pedro un apodo: "la roca" (Mateo 16:17,18).

Pero luego la fuerte devoción de Pedro hacia Jesús se debilitó. Incluso llegó a negar que conocía a Jesús (Mateo 26:69-75). En el momento en que Jesús más necesitó a Pedro, "la roca" se derrumbó y no estuvo allí para sostenerlo. Cuando las cosas se pusieron complicadas, Pedro corrió... ¡pero en dirección contraria! Pedro huyó de la escena y dejó a su amigo atrás. Bueno, no seas tan duro con el pobre Pedro, que lo más probable es que tú hubieras hecho lo mismo. Después de todo, Jesús estaba metido en un tremendo lío, y Pedro estaba muerto de miedo. Más tarde Pedro reconoció que había cometido un enorme error. Jesús lo perdonó y Pedro terminó aun más cerca de Jesús que antes. De hecho, Pedro se convirtió en uno de los más grandes líderes del movimiento cristiano.

Ya que ninguno de tus amigos está encarcelado injustamente ni sentenciado a muerte (por lo menos esperamos que así sea), debiera ser un poco más fácil para ti mantenerte al lado de ellos cuando tengan que pasar por tiempos malos.

¿Eres una persona que está ahí para sus amigos? ¿Les cuidas las espaldas sin importar la situación en que se encuentren? Una de las características de la amistad verdadera es estar dispuesto a permanecer al lado del amigo en las buenas y en las malas.

Jesús y Pedro eran tan cercanos como pueden serlo dos amigos, y aun así tuvieron sus problemas. Tú y tus mejores amigos también tendrán los suyos, pero estos no deben arruinar la amistad. De hecho, así como ocurrió con Pedro, los tiempos malos pueden hacer de ti un mejor amigo.

Capítulo 21

LA AMISTAD DE JESÚS CON MARÍA

María era la madre de Jesús. Ella lo dio a luz, lo crió, le enseñó a hacer lo correcto (aunque, dado que Jesús era Dios, no hubiera hecho falta que ella se lo enseñara), puso comida en su mesa, le enseñó a abrocharse sus sandalias, y le recordaba que hiciera sus tareas. Jesús amaba a su madre. Tenían una relación madre-hijo muy estrecha. De hecho, tenían una amistad. Aquí te presentamos algunos modos prácticos en los que tú también puedes profundizar y fortalecer tu amistad con tu mamá:

Habla con ella. Hablar con el otro es una parte importante de cualquier amistad. Y es una parte importante de la amistad que tengas con tu mamá también. Hay muchos chicos en la escuela secundaria (especialmente los muchachos) que no hablan mucho con sus mamás. A veces les dicen algo, pero generalmente no son más de dos palabras a la vez. Para poder desarrollar una amistad más profunda con tu mamá, necesitas tener una *conversación* con ella. Responde a sus preguntas (con oraciones completas), y pregúntale algo de vez en cuando. Comparte con ella lo que ocurre en la iglesia y en la escuela. Dile que la amas aunque ya lo sepa por tus acciones. ¡Inténtalo! Advertencia: El hecho de hablar con tu mamá podría producir que ella se desmaye frente a tus ojos.

Abrázala. A veces nuestros actos hablan más fuerte que nuestras palabras. Y un simple abrazo puede decir mucho. Puede decir "gracias", o "te amo". Cuando eras pequeño, tu mamá te abrazaba todo el tiempo, incluso cuando tú no podías devolverle ese abrazo. Ahora que estás un poco más viejo, puede que ella no esté segura de cuándo tú quieres o no un abrazo. Así es que toma tú la iniciativa y haz que esto de abrazar a tu mamá sea algo de todos los días. ¡Es tu mamá! Es lo menos que puedes hacer...

COSAS QUE PUEDES ENSEÑAR A TUS AMIGOS: El peso total combinado de la población mundial de hormigas es mayor que el peso total combinado de la población mundial humana.

Respétala. Jesús respetaba a su mamá. Respeto es simplemente mostrarle a tu mamá, a través de la obediencia, que la amas. Esto es tan importante que Dios hizo que fuera uno de los Diez Mandamientos. Hacer lo que tu mamá te pide (y cuando ella te lo pide) no solo le demuestra que respetas su autoridad, sino también demuestra que eres capaz de asumir responsabilidades. Y con más responsabilidades viene más libertad. Todo estudiante de escuela secundaria quiere algo de libertad. Aquí está la cosa: Jesús era perfecto, y sin embargo, él escogió respetar a su mamá y ponerse bajo su autoridad. Así que tú puedes hacer lo mismo.

También debes recordar que tu mamá es humana. Ha cometido errores en el pasado (tú también), y seguirá cometiendo errores en el futuro (tú también). Ámala por quién es, y dale las gracias por lo que ha hecho por ti, porque no importa cuánto cambie la vida, ella siempre será tu mamá.

TIPOS DE AMIGOS

4

Capítulo 22

MEJORES AMIGOS

Existen todo tipo de amigos, ¿verdad? Es decir, puedes considerar como tu amigo a un chico de la escuela con el que has hablado apenas tres veces en toda tu vida. Pero claramente ese no es el mismo tipo de relación que tienes con quien ha sido tu mejor amigo por seis años.

Y eso está bien. Jesús también tenía amistades de diferente intensidad. Había un gran grupo de personas con las que pasaba tiempo. Estos eran sus amigos. Y luego estaban los 12 discípulos con los cuales era mucho más cercano. Ellos eran su principal grupo de amigos. Y luego estaban los tres discípulos (Pedro, Santiago y Juan) que eran los mejores amigos de Jesús. Y, por lo que leemos en la Biblia, parece ser que Juan era el mejor amigo de Jesús. (Tal vez ellos usaban esas medallitas que dicen "mejores amigos para siempre", o algo así).

Tal vez tú tengas un mejor amigo, o no. Las chicas en general hacen de esto algo mucho más importante que los chicos. Muchas chicas de la escuela secundaria parecen pensar que es muy importante tener una mejor amiga. Puede que los chicos tengan un mejor amigo o no, pero no parecen pensar que el asunto tenga tanta importancia.

Pero la cuestión es esta: Es muy probable que tus amistades cambien mucho durante la escuela secundaria, y eso es súper normal (fíjate en el Capítulo 2, "Cambio de amistades"). Pero hay algunos aspectos en que esto del mejor amigo puede no ser algo muy bueno.

Primero, no es bueno pensar en esto todo el tiempo. ¿Has visto cómo los cachorritos jadean rápidamente? Algunos chicos de escuela secundaria actúan así cuando se trata de conseguir un mejor amigo: "¿Quién es mi mejor amigo?", "¿Eres mi mejor amigo?", "Necesito un mejor amigo", "¿Puedes ser mi mejor amigo?". Debes saber que esta actitud puede de hecho *impedir* que te hagas de un mejor amigo ¡porque es fastidiosa!

Segundo, algunos chicos (y especialmente las chicas) de la escuela secundaria cambian de mejores amigos tan frecuentemente como se cambian de ropa. Y esta rutina de cambiar, tomar, descartar y volver a cambiar casi siempre resulta en sentimientos heridos. No vale la pena. Simplemente disfruta de los amigos que tienes y no te preocupes tanto de quién es el mejor amigo de quién.

Y, por último, los mejores amigos son estupendos cuando nos brindan una sensación profunda de compromiso y cercanía. Pero cuando esto implica que no puedes ser amigo de otra gente (o que el dúo que ustedes forman no incluye a otros), bueno, ahí es cuando una amistad termina hiriendo a todos.

Capítulo 23

AMISTADES NO ROMÁNTICAS CON EL SEXO OPUESTO

Cuando eras un niño pequeño, lo más probable es que no te resultara extraño tener amistades con el sexo opuesto (es decir, si tú eres una chica, tener un amigo, y si eres un chico, tener una amiga). Jugaban juntos y todo parecía muy normal. Incluso tal vez hablaban de casarse algún día, pero eso no significaba realmente nada. No es como si hubieran sido novios, ni nada por el estilo.

Pero cuando estás en la escuela secundaria, tener amigos del sexo opuesto puede empezar a resultarte extraño. O incluso si aún se siente normal para ti, otras personas pueden hacer que esa amistad sea algo difícil. De cualquier modo, lo más probable es que notes que es diferente a cuando eras un niño.

Mi hija, Liesl, está en la escuela secundaria (escribe Marko) y tiene un amigo muy cercano. ¡Pero no son novios para nada! De hecho, mi hija tiene un novio y no es este chico. Sin embargo, la gente siempre les pregunta: "Ustedes dos se gustan, ¿cierto?" Entonces Liesl responde: "Bueno, sí, nos gustamos como amigos. ¿A caso a ti no te gustan tus amigos?".

Esto es lo que nosotros (Marko y Kurt) queremos que sepas: Es *genial* tener amigos del sexo opuesto. Y es *maravilloso* tenerlos y no pensar en involucrarse románticamente con ellos. Podemos aprender mucho sobre el sexo opuesto, porque hay diferencias entre chicos y chicas (y no solo físicas), y estas pueden dar como resultado diferentes tipos de amistades que son realmente especiales y buenas.

COSAS QUE PUEDES ENSEÑAR A TUS AMIGOS: Esas cosas verdes que ocasionalmente vemos en las patatas fritas son clorofila.

Entonces, no dejes que otras personas, los programas de TV, las revistas, la música, tus padres o cualquier otra cosa te convenzan de que si tienes un amigo del sexo opuesto, la relación debe ser romántica. Eso es estúpido. Y si puedes aprender ahora, mientras estás en la escuela secundaria, a mantener relaciones de amistad con el sexo opuesto sin que se sientan extrañas o "posiblemente románticas", esta será una habilidad y un valor que será genial tener por el resto de tu vida.

Capítulo 24

EL TÍPICO GRUPO DE AMIGAS

Siempre es algo peligroso definir a las personas y decir: "Así son la mayor parte de las chicas" o "Así son la mayor parte de los chicos" o "Así son la mayoría de los jóvenes en la escuela secundaria". Siempre hay excepciones. En este capítulo y en el próximo describiremos cómo son la mayor parte de las amistades entre chicos y chicas en la escuela secundaria. Pero puede que no te identifiques con las descripciones, y eso está bien. Escribimos estos capítulos para que puedas entenderte a ti mismo y a tus amigos un poco mejor, pero puede que tu caso no encaje exactamente con estos casos típicos.

La mayoría de las chicas en la escuela secundaria tienen un círculo de amistad de dos o tres chicas. Puede que haya más muchachas en un grupo más amplio de amigas, pero es muy importante para las chicas en la escuela secundaria saber quiénes son sus amigas más cercanas. (Esto no es un asunto de tanta importancia para los chicos).

Por muchas razones, parece ser que los grupos de amigas de cuatro o más chicas por lo general no duran. Típicamente se dividen en grupos más pequeños. Parte de las razones de esta división es que las chicas esperan que sus amistades tengan dos cosas, y en dosis muuuy grandes: compromiso y cercanía. Puede que los chicos quieran estas cosas también, pero son realmente pésimos al tratar de expresarlo (en la mayor parte de los casos).

Comencemos con el compromiso. Las chicas desean tener amistades que estén súper comprometidas, lo que significa que quieren amigas con las que pueden contar siempre. Por eso es muy importante para ellas definir quiénes son sus mejores amigas. Quieren que esté muy claro: "Yo estoy comprometida contigo y tu estás comprometida conmigo".

Las chicas también desean cercanía. En otras palabras, quieren que sus amistades establezcan relaciones profundas en las que ambas amigas compartan secretos, confíen la una en la otra, y sean verdaderamente honestas.

Esto es porque es súper importante para ellas ser conocidas. En realidad, esto es importante para los chicos también... pero, de nuevo, los chicos no lo expresan muy bien e incluso les cuesta percatarse de ello.

Estas son parte de las razones por las cuales las chicas en la escuela secundaria cambian con frecuencia sus amistades. No solo intentan encontrar amistades que les ofrezcan el nivel profundo de compromiso e intimidad que ellas buscan, sino que también quieren amigas con las que lo pasen bien. ¡No es una combinación fácil de encontrar!

Capítulo 25

EL TÍPICO GRUPO DE AMIGOS

Los chicos en la escuela secundaria parecen tener relaciones de amistad muy diferentes a las de las chicas. (Lee el capítulo previo, que habla acerca del típico grupo de amigas, si no lo has hecho aún). Ambos están atravesando grandes cambios en lo referido a sus amistades, pero la cosa suele ser bastante distinta para los chicos que para las chicas.

Parte de la razón es que, en general, a las chicas les fascina hablar, y no ocurre así con los chicos. Fíjate en esto: El chico adolescente promedio usa aproximadamente 4.000 palabras al día. Suena como mucho, ¿no? Bueno, no es tanto. ¡Los chicos, de hecho, casi no usan palabras si los comparamos con las chicas! La chica adolescente promedio usa (¿estás listo para esto?) 20.000 palabras al día. Son cinco veces más palabras que las que usan los chicos. ¡Eso es mucho! Entonces, por supuesto que las amistades de chicas tendrán más que ver con hablar que las amistades de los chicos.

Los chicos gruñen más.

¡En serio! Y dado que los chicos de la escuela secundaria no se expresan muy bien en palabras, puede ser un tremendo desafío para ellos el formar amistades. Después de todo, es difícil convertirse en amigo de alguien si no hablas con él. ¡Piénsalo!

Por esto, los chicos de la escuela secundaria tienden a estar en uno de los dos extremos. Muchos chicos se mueven en manadas.

Forman un grupo de amigos basado en un interés común como "somos los chicos que hacen skateboarding" o "somos los chicos a los que les gusta el béisbol". O lo que sea. Estos grupos de amigos pueden ser grandiosos, o terribles, o algo intermedio. Pero son muy diferentes a los grupos de amigos de las chicas.

COSAS QUE PUEDES ENSEÑAR A TUS AMIGOS:
La gelatina de arándano es el único sabor que contiene fruta real.

Y, al otro extremo, están los chicos que realmente no tienen muchos amigos. Puede que tengan algunos amigos de la infancia a los cuales todavía ven, o tal vez ese chico de la escuela que vino a casa a jugar videojuegos una o dos veces. Pero no tienen amigos que de verdad los conozcan.

Si este es tu caso, queremos que sepas, primero que nada, que no significa que seas una persona rara o alguien poco digno de tener una amistad. De hecho, esto es muy normal. También queremos alentarte a que formes algunas amistades porque son muy importantes para nuestra vida. Podrías considerar pedirle un consejo a algún líder juvenil en tu iglesia, o a otro adulto en quien confíes, sobre cómo comenzar amistades. Por supuesto, podrías también leer la Sección 10 de este libro. ¡Se trata de cómo hacer amigos!

Antes de terminar este capítulo, deberíamos mencionar también que hay muchos chicos que están en medio de estos dos extremos... son esos chicos que sí tienen amistades íntimas. Si eres uno de ellos... ¡nos parece fantástico!

Capítulo 26

OTROS TIPOS DE AMIGOS

Una de las mejores cosas de ser joven es tener amigos por todos lados. Piénsalo por un segundo. Ves a tus amigos de la escuela prácticamente a diario. Ves a tus amigos del grupo de jóvenes una o dos veces por semana. Pasas el rato con tus amigos del barrio después de la escuela. Ves a aquellos amigos con los que juegas deporte en las prácticas de fútbol, fútbol americano, lacrosse, softball, vóleibol, o básquetbol. Ves a tus primos de primer y segundo grado en las vacaciones, los días feriados, Navidad, Pascua y Año Nuevo. De hecho, lo más probable es que tengas más clases de amigos diferentes que ni siquiera conocemos. Algunos de ustedes tienen amigos con los que hacen buceo, amigos del grupo de scouts, del club de matemáticas, del parque donde practicas skate, y del consejo estudiantil. ¿Entiendes lo que decimos? Al ser un chico de la escuela secundaria gozas de un tiempo increíble para tener amigos en cada una de las áreas de tu vida.

Al crecer, descubrirás que muchos de tus amigos vendrán de una cantidad más reducida de áreas de tu vida. Eso no es algo terrible, solo es algo diferente. Pero por ahora, lo más probable es que te encuentres en muchos ámbitos diferentes con muchos amigos diferentes. ¡Qué bueno puede ser eso!

Si este es tu caso, entonces puedes haber descubierto ya algo de lo que vamos a hablar con detalle en nuestro próximo capítulo: Parece ser que cada categoría de amigos tiene su propio "código de conducta". Cómo se habla, de qué se habla, sobre qué se bromea, cómo te vistes, cómo tratas a otros, la música que escuchas, y muchas cosas más, son ejemplos del código de conducta o la forma en que cada grupo de amistades espera que se comporte el otro.

A veces puede ser duro recordar cómo actuar en cada uno de los diferentes grupos. Ciertamente, no quieres cometer el error de actuar como payaso cuando estás con tus amigos del club de matemáticas. Entonces, ¿qué puedes hacer? ¿Cuál es la respuesta?

Tenemos una sugerencia para ti: ¡Sigue leyendo!

Capítulo 27

GRUPOS DE AMIGOS COMPARTIMENTADOS

Te vamos a enseñar una palabra muy grande. ¿Listo? Es *compartimentado*. ¡Caramba! Probablemente tuviste que leerlo bien lento, ¿verdad?

Piensa en una cajita para guardar el maquillaje, o en una caja de aparejos para pescar. Tienen muchos espacios (o "compartimentos") diferentes, para diferentes cosas. Si se trata de una cajita para guardar el maquillaje, entonces pondrás el labial en un espacio, las sombras en otro compartimento, y en otro las, ehm... ¿pinzas? (Bueno, nosotros realmente no sabemos, ¡somos chicos! ¿Acaso las chicas no usan pinzas para algo?). En fin, si es una caja de pesca, pondrás los anzuelos en un compartimento, las boyas en otro y... ehm... el hilo de pescar en otro (¡Sí! ¡Lo logramos!) (Seremos honestos, ¡ninguno de nosotros dos va de pesca nunca, así como no usamos maquillaje nunca!)

El punto es que los compartimentos sirven para mantener las cosas separadas.

Algunas personas (los chicos de la escuela secundaria incluidos) hacen esto con sus vidas. Esto se llama "compartimentación".

Muchos de los chicos de la escuela secundaria (especialmente aquellos que van a la iglesia) compartimentan a sus amigos. Tienen un grupo de amigos en la iglesia y otro en la escuela. Y tratan de mantener estos grupos separados (compartimentados) porque así es más fácil para ellos actuar de una manera con un grupo y de otra manera con el otro.

> **COSAS QUE PUEDES ENSEÑAR A TUS AMIGOS:** Rusia tiene más cantidad de teatros que cualquier otra nación en el mundo.

Entonces, tal vez con tus amigos de la iglesia te comportes muy como Jesús, cuidando tu vocabulario y cosas como esas. Y hasta puede que lo hagas de manera sincera. Pero puede que con tus amigos de la escuela maldigas como un marinero y hagas muchas otras cosas que nunca harías con tus amigos de la iglesia.

Este asunto de la compartimentación no es bueno. De hecho, es una manera terrible de vivir. Dios quiere que tú vivas una vida abundante y honesta. Dios quiere que tú seas tú... el "tú" que él hizo. Estás engañándote a ti mismo cuando compartimentas tus amigos (y tu vida) de esa manera. Este comportamiento te enseña a vivir todo el tiempo como si fueras un actor, simplemente desempeñando los roles que crees que los diferentes grupos esperan de ti. Ese no eres realmente tú.

¡Así que sal de esos compartimentos y se tú mismo! (Aunque está bien que tu maquillaje o tus cosas de pesca permanezcan en sus compartimentos).

¡YO FUI UN TONTO EN LA ESCUELA SECUNDARIA! – MARKO

Una vez tuve una profesora llamada Sra. Jobbit. Por supuesto, no podíamos resistir llamarla "Jabba el Hut" (como el personaje de *El Regreso del Jedi*). La Sra. Jobbit era una de las profesoras más simpáticas que tuve en la escuela secundaria. Era divertida, y cuando le hacíamos bromas las recibía bien.

Pero una vez me pasé de la raya... y bien pasadito.

En esa época yo estaba en la onda de las bromas pesadas, y a mis amigos y a mí nos encantaba ir a una tienda cerca de mi casa donde vendían trucos de magia, falsos regalos (que en realidad eran bromas) y cosas por el estilo. Pensábamos que el polvo para provocar estornudos era lo mejor, y lo habíamos utilizado en muchas de las bromas que nos hacíamos entre nosotros y con varios miembros de la familia. Pensé que sería muy divertido soplar polvo para provocar estornudos en la cara de la Sra. Jobbit.

Mi amigo Chris y yo hicimos un plan. Él llamaría a la Sra. Jobbit a su escritorio y le haría una pregunta señalando su papel, de modo que ella tuviera que agacharse para verlo. Chris se sentaría justo frente a mí, lo cual permitiría hacer un disparo claro y certero hacia su cara.

Normalmente usábamos alrededor de la cuarta parte de un paquete de polvo para provocar estornudos. Pero yo quería asegurarme de que esto funcionara, así que vacié dos paquetes completos en mi mano. Se veía como una gran montaña de polvo para hornear.

El plan funcionó a la perfección: Chris llamó a la Sra. Jobbit y ella se agachó para ver su papel. Después yo me incliné hacia adelante, levanté mi mano con la palma abierta frente a su cara, y soplé.

Era demasiado polvo para provocar estornudos. Fue una sobredosis de polvo para provocar estornudos.

El polvo blanco quedó pegado a su cara, cubriéndola completamente. La Sra. Jobbit se puso de pie rápidamente, con los ojos abiertos de par el par. En ese instante, ¡varios líquidos comenzaron a fluir de todas las aperturas de su cara! Sus ojos comenzaron a lagrimear como locos, y su maquillaje comenzó a chorrearse. Su nariz también comenzó a gotear como nunca antes había visto gotear una nariz. Probablemente estaba babeando también, pero a esa altura no creo haberme dado cuenta... yo estaba en un estado de pánico total. Me sobrevino esa sensación abrumadora de ¡¿en qué estaba pensando?!

La Sra. Jobbit dijo: "¡Sal al corredor, AHORA!". Así es que salí y me quedé en el corredor, temblando y atemorizado. Finalmente la Sra. Jobbit salió y habló conmigo. Me dijo que podía expulsarme del colegio. Yo lloré (de verdad). Pero la Sra. Jobbit tuvo misericordia de mí y solo me hizo quedarme en el colegio después de clases por varios días. Verás, ¡ella realmente era una buena profesora!

SECCIÓN CINCO

MÁS QUE
AMIGOS 5

Capítulo 28

¿POR QUÉ DE REPENTE ESTO SE TRANSFORMA EN UN TEMA RELEVANTE?

Caray... Esa chica ha vivido durante años a pocas cuadras de tu casa. Siempre pensaste que ella era simplemente una chica que vivía a pocas cuadras de tu casa. Nada más, nada menos. Pero de repente, ella es... bueno... ella es realmente asombrosa... tan interesante... tan, ejem... hermosa.

¿Y ese chico en tu curso? Siempre ha sido un tonto. Y lo sigue siendo. Hace cosas tontas e irritantes todo el tiempo. Pero igual él... bueno... parece ser que se ha convertido en un chico impresionantemente guapo, ¡casi de un día para otro!

¿Qué hay con todo esto? ¿Por qué es que de repente empiezas a pensar en otros chicos o chicas de manera romántica? (Esa palabra es extraña, lo sabemos, pero tú sabes a lo que nos referimos).

Este no es un libro sobre sexo, así que no vamos a empezar con una explicación sobre cómo funciona todo eso. (Algunos de ustedes están muy aliviados al saber esto y piensan: "¡Ah, qué bien, estoy feliz de que este no sea un libro sobre sexo!" Y otros están muy decepcionados y piensan: "¡Vaya, cómo me gustaría que este fuera un libro sobre sexo!) Pero sí te diremos por qué esta atracción chico-chica comienza a subir de nivel.

La culpa es de tu cerebro. Bueno, eso no es totalmente cierto. En realidad, la culpa es de Dios (si es que se nos permite decir que algo sea "culpa" de Dios). Veámoslo así: Dios te hizo a ti y a tu cerebro para que funcionen de esta manera. Entre los doce y los trece años de edad la mayoría de los chicos comienzan... ¿estás listo para esa palabra que les da tanto asco a los chicos de tu edad?... la pubertad. ¡Ja! Lo más probable es que esa palabra te haya dado escalofríos. ¡Pubertad, pubertad, pubertad! Nos gustaría poder ver tu cara en este momento, pero lo más probable es que estés pensando, ¡ya paren con esa palabra!

Está bien, paramos.

Cuando pasas por... estemmm... esa palabra, estás en el carril rápido de los cambios para convertirte en un adulto. En todo sentido: la forma en que piensas, tu figura corporal, la forma en que sientes las cosas (como las emociones), hasta incluso la forma en que experimentas tu fe. Tu cerebro está en la autopista que lleva hacia la adultez. Y parte del viaje involucra a esa parte de tu cerebro que dice: "¡Oh, ella se ve bien!" o "¡Oye, creo que me gusta ese chico!" Eso es algo bueno: Dios inventó esto y lo puso dentro de tí. Y Dios decidió que todas estas cuestiones empiecen a surgir justamente en este momento de tu vida, la preadolescencia.

Capítulo 29

¿POR QUÉ LA CUESTIÓN ROMÁNTICA PUEDE ARRUINAR LAS AMISTADES?
(CON TUS OTROS AMIGOS) PARTE 1

Lo hemos visto cien veces. No, lo hemos visto doscientas veces. Corrección, ¡lo hemos visto trescientas veces! La fórmula es la siguiente:

- El chico tiene amigos.
- La chica tiene amigas.
- El chico y la chica se gustan.
- El chico y la chica deciden ser más que amigos.
- El chico comienza a ignorar a sus antiguos amigos.
- La chica comienza a ignorar a sus antiguas amigas.
- Las amistades se alborotan.

Tú crees que estamos exagerando, ¿cierto? Realmente no, no estamos exagerando. Lo hemos visto una y otra vez. Y lo más probable es que tú también lo hayas visto suceder en alguna ocasión. Pero, ¿por qué ocurre esto? Esa es una gran pregunta. Aquí tienes algunas ideas al respecto:

Nada de tiempo para los amigos de antes. Un nuevo romance requiere mucho de tu tiempo. Significa pasar juntos la hora del almuerzo, hablar por teléfono, y luego rogarles a tus padres para que te lleven al centro comercial a fin de pasar más tiempo juntos. Todo este tiempo que ocupas desarrollando un nuevo romance implica que pasas menos tiempo con tus amigos de antes.

Celos. Los celos casi siempre aparecen cuando los chicos en la escuela secundaria comienzan a tener relaciones románticas. Los amigos de antes están celosos del nuevo "amigo especial". Y el "amigo especial" está celoso de los amigos anteriores. Como resultado, ambos lados comienzan a presionarte para que pases más y más tiempo con ellos.

COSAS QUE PUEDES ENSEÑAR A TUS AMIGOS: Los sábados ocurren más accidentes fatales que cualquier otro día de la semana.

Escogiendo un lado. Cuando los celos los invaden, la gente comienza a forzarte para que elijas. Dicen cosas como: *"Necesitas escoger entre tu nueva novia y nosotros"* o *"Si quieres ser mi novio, no puedes seguir pasando tiempo con tus amigotes".* ¿Adivinas qué? Nueve veces de cada diez, la relación romántica es la que gana y los amigos pierden. Hemos visto a chicos y chicas dejar amigos de toda una vida porque piensan que están enamorados de una persona que acaban de conocer.

Si decides que quieres ser "algo más que amigos" con una persona, necesitas decidirlo con mucho cuidado. Pensamos que hay un sinfín de problemas que pueden surgir cuando tienes novio o novia en la escuela secundaria. Lo que puede provocar en tus relaciones con tus otros amigos es solo un ejemplo.

Capítulo 30

¿POR QUÉ LA CUESTIÓN ROMÁNTICA PUEDE ARRUINAR LAS AMISTADES?
(CON "ESE ALGUIEN ESPECIAL") PARTE 2

No tenemos ninguna evidencia que nos avale en esto, pero pensamos que el promedio de lo que dura una relación romántica en la escuela secundaria es de aproximadamente 3 semanas. Eso significa que algunas parejas duran unos pocos meses y otras unos pocos días... o incluso algunas horas. Kurt puede atribuirse el mérito de haber mantenido la relación más corta de este mundo. Cuando tenía doce años, él le pidió a una chica que "salieran" al comienzo de la clase de ciencias, ¡y ella terminó con él antes de que la clase llegara a su fin! ¡Auch!

Algo muy extraño sucede en el momento en que tú y "ese alguien especial" deciden ser algo más que amigos. Cuando deciden tener "una cita", "salir juntos", "verse", o como quieras llamarlo, han cruzado una línea... y una vez que cruzan esta línea ya no pueden volver atrás. Han declarado oficialmente que se gustan. Que realmente se gustan.

Antes de que salieran, todo parecía muy natural y fácil. No te importaba lo que te ponías cuando iban a estar juntos. Podías sonar como un cerdo al reírte y daba lo mismo. Los dos eran solo amigos, y los amigos suenan como cerdos al reírse todo el tiempo. Pero al convertirse en novios, han cruzado una línea emocional importante. Probablemente las cosas entre los dos nunca vuelvan a ser iguales.

Todas las cosas de las que hablamos en el capítulo anterior dañan tus relaciones con tus amigos, pero también dañan la relación que estás tratando de establecer con tu nuevo novio o novia. Y, como si fuera poco, las cosas se vuelven bastante más alocadas si en algún momento deciden terminar la relación, porque cuando esto sucede se hieren sentimientos, la gente se enoja y se pone triste, y todo se vuelve confuso. Todo esto puede terminar por arruinar lo que podría haber sido una muy buena amistad con alguien del sexo opuesto. Y, desafortunadamente, las cosas entre los dos nunca serán tan buenas como lo fueron antes de ser novios.

Ah, y por cierto, ustedes TERMINARÁN la relación. Las probabilidades de que te cases con tu enamorado de la escuela secundaria son de aproximadamente uno en un millón. O, como el padre de Marko solía decir: "Las probabilidades son cercanas a cero, y a 'cero' se lo llevaron preso".

Entonces, antes de que dejen de ser "solo amigos", tú y tu "alguien especial" podrían preguntarse lo siguiente: *¿Valdrá la pena sacrificar nuestra amistad y la amistad que tenemos con otros por una relación que durará tres semanas?*

Capítulo 31

LA CUESTIÓN FÍSICA
(¿QUÉ TAN LEJOS ES DEMASIADO LEJOS?)

Es muy probable que este sea el primer capítulo del libro que leas. Tal vez revisaste la tabla de contenido y viste el título de este capítulo y pensaste: *"Olvidemos toda esa basura. ¡Me voy directo a lo bueno!"*.

Cuando les hablamos a los chicos de la escuela secundaria acerca del sexo y el noviazgo, la pregunta que más frecuentemente nos hacen es: *"¿Qué tan lejos es demasiado lejos?"*. Y la curiosidad que existe alrededor de la respuesta a esta pregunta es la razón por la cual nuestros lectores se saltaron el resto del libro para llegar a este capítulo. Después de todo, la mayoría de ustedes ya sabe que Dios quiere que esperen hasta el matrimonio para tener relaciones sexuales, pero, ¿qué tan lejos puedo llegar mientras tanto?

"Ir demasiado lejos" a los ojos de Dios probablemente no está tan lejos como piensas. La mayor parte de los adolescentes cristianos intentan trazar una 'línea mágica' y luego tratan de no cruzarla. Y la mayoría de ellos supone que la línea prohibida es el acto sexual. En los últimos tiempos hemos descubierto que más y más adolescentes cristianos están yendo demasiado lejos, pero piensan que está bien ya que no han "llegado hasta el final".

Lo que pensamos nosotros es esto: Pensamos que la pregunta "¿Qué tan lejos es demasiado lejos?" no es realmente la pregunta correcta. La pregunta correcta sería algo así como: "¿Cómo puedo tratar a esta persona de manera que muestre respeto por ella?" o "¿Qué tipo de comportamiento aprobaría Dios?". Querer saber qué tan lejos puedes llegar físicamente con una persona no te lleva al núcleo, a lo importante de la cuestión, que es esto: Cuando se trata de comportamiento sexual, necesitas desarrollar un deseo de agradar a Dios y respetar a la persona con la que sales. Y estos deseos deben ser bastante mayores que el deseo de saber qué tan lejos puedes llegar antes de que te peguen una cachetada.

COSAS QUE PUEDES ENSEÑAR A TUS AMIGOS: En un baño público, la caseta del baño más cercana a la puerta de entrada es la más limpia, porque es la que menos se usa.

Lo que sabemos nosotros es esto: Sabemos que los peores lugares para que te den consejos sobre conducta sexual son los lugares como el canal MTV, las películas, y la revista Seventeen. Habla con tus padres y con tu pastor de jóvenes para escuchar lo que piensan. Incluso podrías leer la Biblia para aprender un poco sobre los pensamientos de Dios acerca del sexo. Después de todo, Dios lo creó.

Capítulo 32

CÓMO TERMINAR BIEN

Bueno, ¿qué debes hacer cuando decides que es tiempo de terminar la relación con ese "alguien especial"? Recuerda, ya que la mayoría de los romances en la escuela secundaria duran un par de semanas, las probabilidades de que vayas a terminar tu relación en el futuro próximo son muy altas.

En este capítulo vamos a compartir unos pensamientos sobre cómo terminar con alguien de una manera sana. Y luego, en el próximo capítulo, veremos cómo manejar la situación cuando es la otra persona la que termina contigo.

Cómo terminar bien:

Ora sobre ello. Dios quiere estar involucrado en cada parte de tu vida. Pídele a Dios que te ayude a terminar bien.

Habla con la persona cara a cara. Mira, si estás lo suficientemente crecidito como para tener un novio o novia, también tienes la edad suficiente como para terminar la relación cara a cara. No hagas que se lo diga un amigo, no le pases una nota en la clase de ciencias, y no le mandes un mensaje de texto por el celular.

Sé honesto. No trates de hacerle las cosas más fáciles a él o ella (o a ti) inventando cualquier excusa. Sé honesto sobre las razones por las que estás terminando la relación. Si tiene mal aliento, díselo. Si te trata mal y es muy celosa, díselo. Si has decidido que simplemente ya no te gusta de esa manera especial, díselo.

"Quiero que solo seamos amigos" **es realmente una frase bastante buena.** Ojalá tú y tu novio o novia puedan encontrar una forma de seguir siendo amigos una vez que la parte romántica de la relación se haya terminado. Si utilizas esta línea como parte de tu estrategia para romper con alguien, asegúrate de que sea cierta y de que verdaderamente estés dispuesto a trabajar para mantener viva esa amistad.

Prepárate para que las cosas se vuelvan un tanto extrañas. Hay una alta probabilidad de que la persona con la que estás terminando se sienta herida, frustrada, e incluso un poco enojada. Puede que él llore. Puede que ella te pegue y eche a correr algún rumor malicioso sobre ti. Cuando esto suceda, pídele a Dios que puedas responder de alguna manera que le honre.

Terminar es algo difícil de hacer. Hacerlo bien es incluso más difícil. Pero cuando debes terminar con alguien, terminar bien es siempre la mejor opción.

CAPÍTULO 33

CUANDO TERMINAN CONTIGO

Se le llama de muchas maneras: rompen contigo, te botan, te mandan a volar, etc. Pero sin importar cómo lo llamen, siempre se siente muy feo. Cuando alguien termina contigo, ¿cómo debes responder?

Tú puedes decirnos: *"Bueno, todo depende de cómo me trate cuando termine conmigo. Si se porta bien, yo también. Pero si me trata mal, yo también lo haré."* Aunque esa respuesta tenga sentido, probablemente no sea la mejor manera de vivir esta experiencia. No importa cómo alguien rompa contigo, debes pensar en dos cosas que te ayudarán a manejar la situación de la mejor manera posible.

Primero, no le guardes rencor a esa persona. Es extraño cómo funcionan los rompimientos. Una hora antes de que rompan contigo, piensas que tu "alguien especial" es lo mejor que ha sucedido desde que se inventó el papel higiénico. Sin embargo, cuando ocurre el rompimiento (y hablamos del mismo segundo en que ocurre) la persona pasa a ser menos importante que aquello para lo que usas el papel del baño. Cuando alguien rompe contigo, es natural sentirse herido y confundido. Pero trata de evitar pagarle a la otra persona diciéndole cosas fuertes, tratándola mal o comenzando rumores sobre ella. Guardar rencor contra la persona que terminó contigo no la hiere para nada. De hecho, solo terminas haciéndote daño a ti mismo.

Segundo, no dejes que un rompimiento cambie la forma en que te sientes con respecto a ti mismo. Por favor, lee el siguiente párrafo muy cuidadosamente. Tu valor como joven no tiene NADA que ver con el hecho de que tengas o no tengas novio o novia. ¡Tú eres una sorprendente y magnífica pieza hecha a la medida por Dios mismo! Eres especial porque le perteneces a Dios, no porque estés "andando con" alguien. Tienes valor porque fuiste creado a la imagen de Dios, no porque alguien del sexo opuesto pensó que eras bonito. Vivimos en una sociedad loca, que hace que el romance y todas esas cosas parezcan más importantes de lo que son. No dejes que el hecho de que alguien haya terminado contigo cambie la verdad sobre ti: ¡Eres maravilloso, magnífico, asombroso y valioso! Y esto sigue siendo cierto, tengas novio o no.

Que te boten no es entretenido, pero rebotarás y te elevarás de vuelta. A Marko lo botaron aproximadamente 71 veces en la escuela secundaria y ¡mira cómo está hoy!

Mmm... dejémoslo ahí.

Capítulo 34

¿QUÉ TIPO DE NOVIAZGO TIENE MÁS SENTIDO?

A esta altura te estarás preguntando si tenemos algo positivo que decir con respecto a esta idea de convertirse en algo más que amigos mientras estés en la escuela secundaria. Por un lado, estamos diciendo que es completamente natural. Pero por otro lado, también estamos diciendo que pueden suceder bastantes cosas malas, como ir demasiado lejos, herir los sentimientos de otros, lidiar con los celos, y sobrevivir al inevitable rompimiento. ¿Hay alguna forma de noviazgo para los que están en la escuela secundaria? ¿Existe una manera de experimentar algunas de las cosas naturales de tu edad sin tener que experimentar todas las otras cosas que vienen de la mano? Sí. Tal vez. Podría ser.

Advertencia: Si decides comenzar un noviazgo en la escuela secundaria, te estás involucrando en algo que es muy difícil de hacer bien. Muchas personas que son bastante mayores y sabias que tú aún no saben cómo manejar esto del noviazgo. Pero si insistes en tener un novio o novia, por lo menos deja que compartamos nuestros pensamientos sobre el tema.

Pensamiento #1: La seguridad se encuentra en los números. A lo que nos referimos es a que la mejor forma de salir durante tus años de adolescencia es en "citas en grupo". Una "cita en grupo" es cuando, en vez de salir tú solo con alguien, tú y tu "amigo especial" salen con un grupo de amigos. Una cita en grupo es mucho más segura que una cita a solas por muchas razones. Una de las principales razones es que el grupo impide que las cosas se pongan demasiado serias demasiado rápido.

Pensamiento #2: Evita el término "novio" o "novia". Decir cosas como "realmente nos gustamos" o "nos gusta hacer cosas juntos" o "somos más que amigos" son buenas formas de expresar los sentimientos hacia el otro sin esa seriedad que llevan las palabras "novio" o "novia".

Pensamiento #3: Nunca comiences un noviazgo sin que tus padres estén de acuerdo. En otras palabras, no salgas con alguien a escondidas. Nunca hagas esto. Nunca, jamás hagas esto. En serio, ¡no hagas esto! El noviazgo es cosa seria, y necesitas conversarlo con tus padres primero.

Pensamiento #4: Tal vez el tipo de noviazgo que tiene más sentido es simplemente no tener novio. Hablaremos de esto en el próximo capítulo.

Capítulo 35

¡ESTÁ BIEN ESPERAR PARA TENER UN NOVIAZGO!

Hemos pasado los últimos siete capítulos hablando del sexo opuesto y de las citas. Hicimos esto porque sabemos que es un tema importantísimo para muchos de los que están leyendo este libro. Antes de cambiar de tema, queremos terminar esta sección diciendo lo siguiente: ESTÁ BIEN ESPERAR PARA TENER UN NOVIAZGO. De hecho, llevaremos esto un paso más allá: ES MEJOR ESPERAR PARA TENER UN NOVIAZGO.

Sabemos que lo más probable es que sientas la presión de comenzar a tener citas estando aún en la escuela secundaria, y puede que parezca que todos los demás están jugando a este encantador juego de salir con otros chicos o chicas. Entonces, ¿por qué no hacerlo tú?

Hemos hablado con cientos de adultos que esperaron para tener un noviazgo hasta que fueron más grandes, ¿y adivinas qué? Ninguno de ellos se arrepiente de haber esperado. ¡Es verdad! Ni uno solo de ellos nos ha dicho que hubiera deseado comenzar a salir a más temprana edad. También hemos hablado con muchos, muchos adultos que comenzaron a tener citas en su preadolescencia, ¿y adivinas qué? La mayoría desearía haber esperado hasta ser un poco más grande y estar más preparado para manejar todas las presiones y cosas que ocurren con las citas.

Aquí tienes un par de datos interesantes:

♣ Entre más joven seas cuando comienzas con esto de las citas, más probable es que tengas relaciones sexuales antes de casarte.

♣ Entre más joven seas cuando comienzas con esto de las citas, más probable es que te embaraces o que embaraces a alguien antes de casarte.

COSAS QUE PUEDES ENSEÑAR A TUS AMIGOS: Han muerto más norteamericanos en accidentes automovilísticos que en todas las guerras que ha peleado Estados Unidos.

♣ Entre más joven seas cuando comienzas con esto de las citas, más probable es que termines divorciándote algún día.

No estamos compartiendo esto para asustarte (bueno, tal vez un poquito), sino porque es verdad. Eso no significa que estas cosas te sucederán automáticamente si comienzas a salir con alguien mientras estás en la escuela secundaria. Solo significa que es más probable que te sucedan.

Los años de escuela secundaria son algo alocados, confusos, y muchas veces atemorizantes. ¿Por qué transformarlos en algo aun más loco, confuso y atemorizante añadiendo un novio o novia a esta mezcla? ¡Ya tienes suficientes cosas de qué preocuparte!

Cuando el noviazgo se lleva adelante correctamente, es una parte genial del crecimiento. ¡Pero pensamos que también esto es algo por lo que vale la pena esperar!

CONFLICTOS

6

Capítulo 36

¿POR QUÉ EXISTEN LOS CONFLICTOS EN LAS AMISTADES?

Sucede de esta forma: Tú y tu mejor amigo han sido amigos por un tiempo y nunca han tenido una pelea verdadera. Hasta la semana pasada. Tu amigo hizo algo que realmente te hirió, pero cuando trataste de hablar al respecto, tu amigo te hizo a un lado y te ignoró. Y eso solo sumó más dolor. Ahora no estás seguro de si alguna vez podrán volver a ser amigos.

O tal vez sucede así: Tú y tu amigo parecen pelear todo el tiempo. A veces es sobre cosas pequeñas que parecen tan estúpidas que apenas puedes creer que hayan peleado al respecto. Y a veces es sobre temas mayores. Casi siempre ambos logran resolver el asunto, pero probablemente pronto habrá otra discusión.

O tal vez no "peleas" realmente con tu amigo. Es solo que cuando las cosas no están del todo bien con tu amigo, tal vez experimentas una frialdad o falta de comunicación entre los dos. Incluso a veces no estás seguro de lo que sucedió, o de si hubo algo específico que los llevó a tener problemas. Tan solo están ahí.

Hay muchas razones para tener conflictos en las amistades (y esto incluye peleas, desacuerdos, tensión, malos entendidos y discusiones), pero nombraremos dos cuestiones que son las que más tienen que ver con los chicos de la escuela secundaria:

Primero, el conflicto es normal en todas las relaciones. Esto es porque todos somos gente imperfecta y enredada. Todos somos pecadores (Romanos 3:23 dice: "Pues todos han pecado..."). Y cuando pecamos, nuestro pecado casi siempre tiene un impacto doloroso sobre otra persona. Sin embargo, esta no es una excusa para herir a tus amigos y luego decir: *"Bueno, soy un pecador como tú, así que es normal que te hiera".*

Segundo, el conflicto es mucho más común en las amistades de escuela secundaria por todos los cambios que están sucediendo en las vidas de los chicos y chicas de esta edad. En serio, estás en constantes cambios, como un *Transformer*. Pasas de ser un "tú" (un niño) a ser otro "tú" (un joven adulto). Y es un cambio muy enredado, lleno de baches, sorpresas, puntas filosas, y de preguntas y heridas. Entonces, dado que tanto tú como tu amigo están cambiando con la velocidad y magnitud con que lo están haciendo, no debe sorprenderte que haya conflictos de vez en cuando.

"DETESTO CUANDO MIS AMIGOS HACEN ALGO QUE ME MOLESTA O HIERE MIS SENTIMIENTOS, Y LUEGO ACTÚAN COMO SI NO HUBIERA PASADO NADA".

—KENDALL, 12 AÑOS

Capítulo 37

LOS CELOS

Tienes un juego buenísimo para jugar con la computadora, pero tu amigo tiene uno mucho más nuevo, ¡y tú lo quieres a toda costa!

Tu amigo tiene el papá más genial del mundo. Es entretenido, y moderno, y pareciera ser que se preocupa mucho por sus hijos. ¿Y tu papá? Bueno, él los dejó cuando eras un niño. A veces sientes algo parecido al enojo cuando piensas que no tienes un papá como el de tu amigo.

Estudiaste hasta que las velas no ardían para tu prueba de historia, y estabas segura de que lo sabías todo. Pero sacaste un 6, mientras que tu amiga que no estudió nada sacó un 10. ¡Es tan frustrante! Tú querías ese 10, y tu amiga no se lo merece.

Este año tu amigo y su familia se fueron a Europa de vacaciones. ¡No lo podías creer! Las únicas vacaciones que tuviste fueron un fin de semana en casa de tu abuelita, un lugar que es aburrido, aburrido, aburrido, y en el cual no hay nada que hacer. Y todo el tiempo que estuviste ahí soñabas en cómo serían unas vacaciones en Europa...

Tal vez ninguna de estas pequeñas historias calce de manera perfecta contigo. Sin embargo, pensamos que habrás captado la idea. Algunos detalles más o menos, todos tenemos alguna historia de este tipo en nuestras vidas. Se llaman celos. Los celos aparecen cuando deseas algo que tiene otra persona. Puedes estar celoso de una *cosa*, como el juego de computadora. O puedes estar celoso de una *característica*, como cuando tu amiga se saca un 10 en la

prueba sin estudiar (porque, es obvio, o tu amiga es realmente muy inteligente, o es muy buena para responder preguntas de examen). O puedes estar celoso de una *situación*, como cuando la familia de tu amigo se va de vacaciones a Europa.

COSAS QUE PUEDES ENSEÑAR A TUS AMIGOS: Islandia consume más Coca-Cola per cápita que ninguna otra nación.

Los celos pueden tener un gran impacto sobre las amistades. No es el tipo de cosas que normalmente te llevarán a pelear, pero crecen poco a poco y van carcomiendo la amistad, porque las amistades se basan en las cosas que se tienen en común, y los celos apuntan a lo diferente que se es de la otra persona.

Así que cuando veas que estás sintiendo celos de tu amigo (por la razón que sea), trata de identificar exactamente de qué se trata y luego tira esos sentimientos a la basura. Pídele a Dios que te ayude a deshacerte de ellos, y sé feliz con lo que eres y lo que tienes.

Capítulo 38

EL EGOÍSMO

"¡Es mío, mío y mío! ¡Y no te lo presto!"

¿Has escuchado alguna vez a un niño pequeño decir algo parecido a esto? Generalmente la frase viene acompañada de pataletas, puñetazos y chillidos en un tono de voz muy agudo. Estas cosas no hacen precisamente que tú quieras abrazar al pequeño, ¿verdad?

Bueno, esta clase de conducta no desaparece cuando se es adulto. De hecho, los adultos hacen este tipo de cosas todo el tiempo, solo que se ven diferente (la mayoría de las veces). Los adultos son más engañosos con su egoísmo, pero ellos (bah, nosotros) pueden (podemos) ser total y absolutamente egoístas.

¿Y adivinas qué? Sorpresa, sorpresa... (en realidad no es ninguna sorpresa...) ¡Tú también puedes ser egoísta! El egoísmo es pensar solamente en ti. Si eres egoísta con respecto a las cosas, se manifestará en que tratarás de tener todo para ti. Si eres egoísta con respecto a las oportunidades, se verá como si siempre quisieras colocarte a ti mismo en el primer lugar. Si eres egoísta con respecto a la atención, se verá como si quisieras que todo el mundo te presté atención a ti y solo a ti.

El egoísmo es lo opuesto de todo lo que Jesús hablaba. Una persona egoísta dice: *"Quiero todo para mí"*. Jesús enseñó a dar todo lo que tienes (Mateo 19:21). Una persona egoísta dice: *"Quiero todas las oportunidades para mí"*. Jesús dijo que debemos poner a otros antes que a nosotros mismos (Mateo 22:39). Una persona egoísta dice: *"¡Mírenme a mí!"*. Jesús dijo que el último será el primero y el

primero será el último" (Mateo 20:16).

Entonces tiene sentido que, si el egoísmo es lo contrario de lo que Jesús quiere para nosotros, y si Jesús es quién inventó las amistades, entonces el egoísmo sea dañino para ellas. En serio, es bastante obvio, ¿no? Las buenas amistades se construyen al dar, al preocuparnos por los demás, y al ser respetuosos.

Piénsalo de esta manera: Las personas egoístas nunca tienen amigos que les duren mucho tiempo.

O míralo de esta otra manera: El egoísmo mata las amistades.

O qué tal de esta forma: Si quieres tener buenas amistades, ¡deja de ser egoísta!

Capítulo 39

LOS CHISMES

"¡Oye! ¿Sabes qué? OhporDiostienesqueescucharestoporqueestájugosísimo. ¡Jorge me dijo que Caty le dijo que Carla escuchó que José está enamoradísimo de Susi!"

"Eso no es lo que escuché yo. ¡Yo oí que Ale en realidad es un chico!"

"¡No puedo creerlo! ¿Y sabes qué más? Alguien me dijo que Emilia es... oh mi Dios, esto es increíble... ¡Emilia es una alienígena!"

Ok, tal vez los chismes que tú escuchas y repites no son tan locos. O tal vez sí sean así de locos a veces. Y si son o no ciertos ni siquiera es el punto.

Los chismes (hablar de otros detrás de sus espaldas, o compartir información sobre otros sin propósito sino por el solo beneficio de contar historias jugosas) hieren a la gente. Claramente Dios está en contra de ello, y además puede destruir las amistades.

Fíjate en lo que dice Proverbios 16:28:

> *"El perverso provoca contiendas, y el chismoso divide
> a los buenos amigos".*

Está bastante claro, ¿no?

Esto puede ser contrario a lo que has experimentado. Puedes estar pensando: "Pero pareciera que los chismes pueden *ayudar* en una amistad. Por ejemplo, mi amiga y yo chismoseamos, y es parte de lo que nos gusta hacer juntas".

COSAS QUE PUEDES ENSEÑAR A TUS AMIGOS:
El norteamericano promedio consume 543 gramos de huevos de araña por año, y 1.132 gramos de partes de insectos por año.

Aquí está el problema. Los chismes pueden *parecer* divertidos en una amistad por un tiempo, pero a la larga te darás cuenta de que si tu amiga chismea *contigo* todo el tiempo, lo más probable es que esté dispuesta a chismear *sobre ti* con otros. Así funciona: la gente que chismea todo el tiempo no sabe cómo encender y apagar el chisme. Lo hacen todo el tiempo.

Así es que, tarde o temprano los chismes se transforman en asesinos de la amistad, porque destruyen la confianza en ella.

Seguro, Dios no puede soportar los chismes, aun cuando sientas que traen diversión a tu relación de amistad. Y seguro, los chismes siempre terminan hiriendo a la gente, y eso tampoco lo soporta Dios. Pero en última instancia, los chismes son asesinos de amistades.

Capítulo 40
LA INSEGURIDAD

Puede que no sepas lo que significa la *inseguridad*. Así que tomaremos un rato para explicártelo antes de hablar de por qué daña las amistades.

Cuando algo es *seguro*, significa que no se moverá ni cambiará, significa que está a salvo. Como cuando una tuerca en un barco es segura, significa que no se soltará ni se caerá. Y cuando ese mismo barco llega de manera segura al puerto, llega a un lugar donde nada le podrá ocasionar daño (el clima, enemigos, etc.).

Por supuesto, lo contrario también es verdad: Cuando algo es *inseguro*, no está a salvo y puede cambiar en cualquier momento.

Las personas también pueden ser seguras o inseguras. De hecho, todos somos lo uno o lo otro. Alguien que es seguro se siente confiado de sí mismo. Se siente a salvo (aunque no lo esté). Entonces, alguien que es inseguro es todo lo contrario. No está cómodo con quién es, no está confiado, y no se siente seguro.

Solo porque alguien sea extrovertido y sociable, no significa que sea seguro. De hecho, muchas personas que parecen ser muy sociables y extrovertidas actúan de esa manera porque son inseguras y quieren que la gente los acepte.

Detente un momento y piensa, ¿eres tú seguro o inseguro?

Te diremos qué tiene que ver esto con las amistades. Una amistad entre dos personas que son seguras puede tener una fortaleza

diferente a aquella en que una o los dos amigos son inseguros. La inseguridad hace que las personas no sean ellas mismas. Lleva a las personas a ser necesitadas, a actuar en la forma en que creen que las demás personas esperan que actúen, y a buscar constantemente entre líneas el significado oculto detrás de lo que otras personas dicen o hacen.

En conclusión, la inseguridad daña la amistad porque no permite que seas tú mismo. Y las amistades florecen cuando hay honestidad y las personas pueden ser genuinas.

Por otra parte, la inseguridad puede traer conflictos a una amistad, ya que uno de los dos, o ambos, no están siendo totalmente honestos. La inseguridad demanda de una amistad más de lo que es justo esperar, y también espera niveles de compromiso que no son siempre realistas o justos.

Capítulo 41
EL PERDÓN

Es un hecho: Herirás a tus amigos.

Es un hecho: Tus amigos te herirán a ti.

Esto no significa que esté bien o que sea fácil. Solo es así. Somos humanos y pecamos, y siempre terminaremos hiriendo a otros (y a nosotros mismos).

Entonces, cuando tengas un conflicto con un amigo (ya sea porque uno hirió al otro o porque tuvieron alguna discusión o algo por el estilo) el perdón pasará a ser una parte MUY IMPORTANTE de lo que necesitará la amistad para sobrevivir.

Yo (Marko) recuerdo un tiempo en la escuela secundaria cuando actuaba en una pequeña obra de teatro con un par de amigos en un encuentro juvenil. Llevábamos a uno de los chicos, uno de mis mejores amigos, sobre una tabla. (Suponía que él era un rey alienígena o algo tonto como eso). En la mitad de la obra, pensé que sería genial soltar la tabla y botarlo. No tengo ni idea de *por qué* pensé que esto sería chistoso, pero lo hice de todas maneras.

No fue chistoso.

Cayó como un costal de papas sobre su brazo, y este se rompió. Mi amigo tuvo que ir al hospital, y allí un doctor tuvo que poner el hueso en su lugar y enyesarlo. Cuando él me preguntó por qué lo había tirado, todo lo que pude decir fue: *"Porque pensé que iba a ser divertido".*

Él y yo somos amigos hasta el día de hoy (más de 30 años después), pero solo porque eligió perdonarme por mi completa y total estupidez. Hubiera sido entendible si él me hubiera dicho: *"Marko, eres un tonto, un verdadero perdedor, y ya no puedo seguir siendo tu amigo".* Pero me perdonó, y pudimos continuar con nuestra amistad.

COSAS QUE PUEDES ENSEÑAR A TUS AMIGOS: En los Estados Unidos cada minuto cumplen 15 años seis personas.

Rompí su otro brazo en el transcurso de ese mismo año, pero esa es otra historia. (Lee la historia de "Yo fui un tonto en la escuela secundaria" al final de la Sección 8 de este mismo libro).

Tendrás conflictos con tus amigos. Así que, si quieres seguir teniendo amigos, tendrás que estar dispuesto a perdonarlos. El apóstol Pablo dijo: "De modo que se toleren unos a otros y se perdonen si alguno tiene queja contra otro. Así como el Señor los perdonó, perdonen también ustedes" (Colosenses 3:13).

"DEJÉ DE SER **AMIGO DE ALGUIEN** POR ALGO TONTO. **AHORA ESTOY** TRABAJANDO DURO **PARA SER AMIGOS** OTRA VEZ."

—ZACK, 11 AÑOS

Capítulo 42

LA PRESIÓN DE LOS PARES

Estamos seguros de que has escuchado hablar de la *"presión de grupo"*, aunque sabemos que es una frase adulta y que ningún chico normal de la escuela secundaria hablaría acerca de ella. O por lo menos no usarían esas palabras. "Pares" es solo otra manera de decir "amigos" o "personas con las que pasarías el rato". Entonces, la presión de tus pares es simplemente una forma estrafalaria de referirse a cuando tus amigos (u otras personas de tu misma edad) te presionan para que hagas ciertas cosas.

La presión de los pares puede ser buena. Por ejemplo, si tus amigos te presionan para hacer cosas buenas, eso igual se considera "presión de los pares", pero es algo bueno. Sin embargo, es más común que la presión de los pares sea la razón por la cual hacemos cosas tontas. Queremos caerle bien a nuestros amigos y que ellos piensen que somos geniales. Y si ellos escogen hacer algo (aun cuando sea algo que no queremos hacer o que pensamos no deberíamos hacer), entonces sentimos la necesidad de seguirlos para que no vayan a pensar que somos unos fracasados.

¿Por qué es que pusimos el capítulo sobre "la presión de los pares" en la sección del libro que habla sobre los conflictos? Porque la presión de grupo a menudo puede traer conflictos a las amistades. Aquí tienes un ejemplo:

Cuando yo (Marko) estaba en la escuela secundaria, uno de mis compañeros comenzó a coquetear con los cigarrillos. Digo "coquetear" porque no fumaba regularmente, solo pensaba que era algo *in* y fumaba de vez en cuando. Yo estaba ahí un día cuando él y algunos de sus otros amigos estaban fumando. Me preguntaron si quería fumar y dije que no. Ellos comenzaron a burlarse y a decirme que era un cobarde. Entonces me fumé un cigarrillo para quitármelos de encima.

Esta situación originó un conflicto entre mi amigo y yo que duró un año. Yo ya no quería pasar tiempo con él porque me había presionado para que hiciera algo que no quería hacer.

Es mucho más difícil que una persona que no conoces muy bien te presione para que hagas cosas que no quieras hacer, o cosas que piensas que no debes hacer. Pero cuando tus *amigos* te presionan... bueno, es más difícil decir "no". Lo más probable es que termines cuestionando la amistad, porque vas a pensar que a tu amigo no le importó realmente tu opinión.

Algunos pensamientos:

1. Como lo hemos dicho en reiteradas ocasiones en este libro: Esto es normal. Es una lucha el no presionar a tus amigos para que hagan cosas que tu quieres hacer. Batallarás con esto durante toda tu vida.

2. Si sientes que un amigo te está presionando para que hagas algo que no quieres hacer, es importante que se lo hagas saber.

3. Cuando la presión de grupo trae conflictos a tu amistad, no hay otra manera de lidiar con ella que no sea hablándolo. Sé honesto sobre cómo te hizo sentir tu amigo, pero también sé rápido para perdonarlo.

"LA PRESIÓN DE LOS PARES... ES UN GIGANTE, PERO HAY QUE PELEAR CON ELLA COMO LO HIZO DAVID, ¡Y MATARLA!"

—GRANT, 13 AÑOS

Capítulo 43

CÓMO RESOLVER LOS CONFLICTOS

A estas alturas (si has leído todos los capítulos de esta sección) habrás visto que el conflicto forma parte de todas las relaciones, y ciertamente de todas las amistades. Podríamos escribir libros enteros sobre cómo tratar con el conflicto dentro de las amistades. (De hecho, muchos libros *han* sido escritos sobre este tema.) Pero nos quedaremos con lo básico:

Primero, si tú eres la causa del conflicto en tu amistad (y lo serás tan seguido como no lo serás), hazte cargo. Sé honesto contigo mismo, con Dios y con tu amigo. Pídele perdón a tu amigo y trata de pensar en cómo puedes evitar repetir las acciones que te llevaron a ese conflicto.

Segundo, cada vez que hay conflicto dentro de una amistad, debes hablar al respecto. Esto es mucho más fácil de hacer para las chicas que para los chicos. Las chicas son mejores en esto de hablar sobre sus sentimientos. Pero hablar al respecto es tremendamente importante. Y no seas duro cuando hables. No digas: "Eres un tonto, y quería asegurarme de que lo supieras". Eso no es *hablar* al respecto, eso es calificar a otro.

Tercero, busca ayuda si el conflicto es serio. Siempre puedes retirarte de una amistad, pero es mucho mejor salvar la amistad si se puede. Y a veces, cuando el conflicto parece enorme y difícil, resulta de mucha ayuda involucrar a un tercero... incluso, tal vez... a un adulto. (Perdón, teníamos que decirlo.) La tercera persona debe

ser alguien neutro, es decir, alguien que no va a tomar partido por uno de ustedes por motivos personales. Por eso es que, muchas veces, un adulto puede ser de ayuda.

COSAS QUE PUEDES ENSEÑAR A TUS AMIGOS: El helado que más se vende en los Estados Unidos es el de sabor a vainilla.

Cuarto, ora al respecto. Dios creó la amistad, y Dios quiere que tengas amistades maravillosas, felices y significativas. Entonces, cuando hay conflictos en una amistad, piensa que a Dios le fascinaría ser parte de la solución. Pídele a Dios que te dé sabiduría e ideas. Pídele a Dios que te ayude a salvar la amistad y a no ser malo con tu amigo en el proceso.

Por último, entiende esto: A veces (no siempre) los conflictos en una amistad son una buena señal de que necesitas buscar nuevos amigos. En serio, si estás en constante conflicto con tu amigo o con tus amigos, tal vez quieras reconsiderar si son los amigos adecuados para ti o no. Tal vez te des cuenta de que estás tratando de hacer que la amistad funcione por las razones equivocadas (porque son populares, o algo parecido).

"YO Y MIS AMIGOS APARENTE-MENTE DISCUTIMOS MUCHO, PERO SIEMPRE LO SUPERAMOS BASTANTE RÁPIDO".

—SKYLER, 14 AÑOS

¡YO FUI UN TONTO EN LA ESCUELA SECUNDARIA! – KURT

Cuando yo tenía unos 14 años, jugaba al fútbol americano para los Osos de La Mirada. Nadie (ni mi esposa, ni mis hijos, ni los chicos de mi grupo de jóvenes) creerá esto, pero era bastante bueno. Nuestro equipo llegó al campeonato, y en el proceso establecí el record de la liga por la mayor cantidad de atrapadas, y me llamaron para el equipo de "All-Stars". Yo era un hombre bien hombre, el tipo más rudo entre los rudos, Mr. Macho. O al menos pensaba que lo era. Pero todo cambió después del juego del campeonato.

Nos enfrentamos a los Steelers, un equipo con el que habíamos jugados en dos oportunidades esa temporada. En los dos primeros tiempos, les ganamos una vez y ellos nos ganaron otra. Iniciamos el campeonato exactamente con los mismos records de la temporada. La multitud era enorme. Padres, amigos, familiares y casi todos los jugadores de los otros equipos de la liga se reunieron a lo largo de las gradas para ver el partido.

Jugué un buen partido. Intercepté un pase y atrapé otro para marcar un tanto. Nosotros jugamos bien, y también lo hicieron los Steelers. Fue un juego que pasará a la historia. Estábamos empatados, con dos minutos para terminar, cuando los Steelers interceptaron un pase y corrieron de regreso hasta anotar un tanto. Cuando sonó el disparo al final del juego, el marcador mostró a todos los presentes lo que yo esperaba que nunca hubiera ocurrido: Steelers 21, Osos 14.

Estaba triste, muy triste. Mientras estrechábamos las manos de los

Steelers al final del juego, podía sentir las lágrimas luchando por salir de mis ojos. Pero yo no estaba dispuesto a que eso sucediera, porque era un hombre bien hombre, el tipo más rudo entre los rudos, Mr. Macho. O al menos pensaba que lo era.

Todos se reunieron en la línea de 50 yardas para la ceremonia de entrega de trofeos: los trofeos del campeonato para los Steelers, y el trofeo del segundo lugar para nosotros, los Osos. Mientras estaba allí, de pronto mi mamá apareció de la nada. Ella caminó hasta mí, me dio un enorme abrazo y me besó en la mejilla. En ese momento me derretí. Perdí el control y comencé a llorar delante de todos. No estoy hablando de un pequeño llanto como de niñita. Hablo de un llanto fuerte, estridente, lleno de mocos, con temblores de cuerpo, lamentos y movimientos de cabeza. El tipo de llanto que todos notan. Mis entrenadores lo notaron, mis compañeros lo notaron, y, lo peor de todo, los Steelers lo notaron.

¿Entonces qué fue lo que hizo el hombre bien hombre, el tipo más rudo entre los rudos, Mr. Macho? De pronto me di cuenta de lo que estaba sucediendo y corrí hacia el auto lo más rápido que pude. ¿Y qué es lo que mi mamá y mi papá hicieron? Se quedaron mirando el resto de la ceremonia de entrega de trofeos.

FORMAS DE SER UN
BUEN AMIGO

7

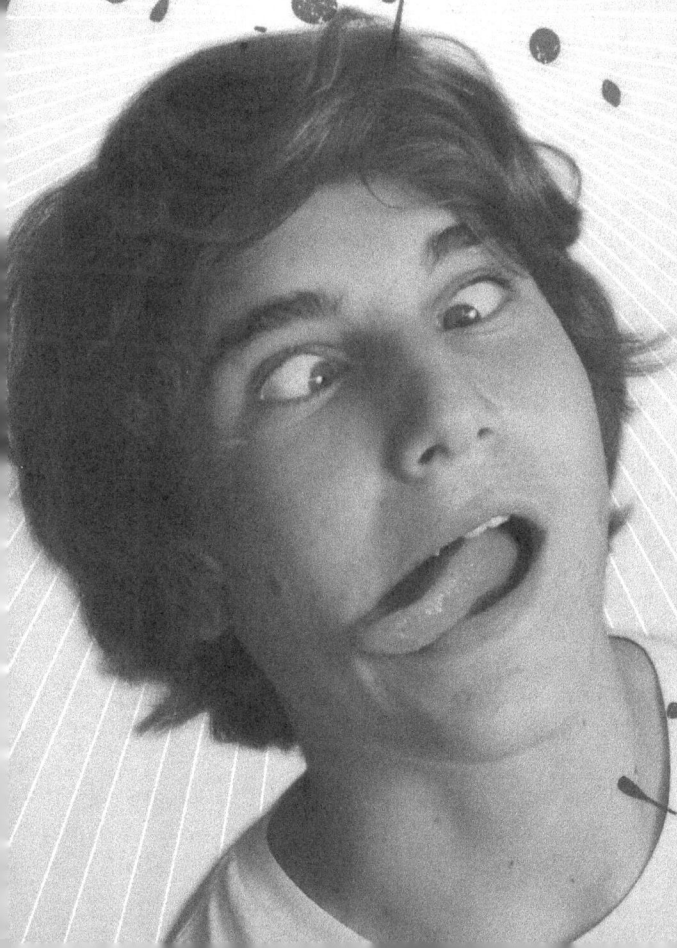

CAPÍTULO 44

SER LEAL

Cuando un soldado que está en cautiverio no delata los secretos militares (incluso si su vida peligra por no hacerlo), se le considera leal.

Cuando un cliente solo come hamburguesas de la cadena McFeliz y no las come de ningún otro lugar, se le considera leal.

Cuando un perro recorre grandes distancias para encontrar su camino a casa después de haber estado perdido, se le considera leal.

Cuando una pareja casada se mantiene unida por años y años y años, y ninguno de los dos se mete con nadie más, se les considera leales.

Dios es leal con nosotros. Está siempre comprometido con nosotros, nunca cambia ni nos decepciona. Jesús probó su lealtad hacia nosotros al morir en la cruz. Esa es lealtad de primera.

Y esa calidad de lealtad, que también podríamos llamar "fidelidad", es una GRAN manera en la que puedes ser un buen amigo.

Cuando yo (Marko) era adolescente, hice una muy mala elección que causó que muchas personas estuvieran enojadas conmigo. Pero recuerdo que un amigo se me acercó y dijo: "Puede que no me guste lo que hiciste, pero soy tu amigo y me quedaré a tu lado". Ese tipo de lealtad en una amistad es realmente genial, maravillosa y muy difícil de encontrar.

¿Cómo puedes ser leal con tus amigos? Trata de estar comprometido con ellos pase lo que pase. Eso no significa que debes estar de acuerdo con ellos siempre. Pero sí significa que tu amistad no está basada en cosas superficiales, como si son o no divertidos todo el tiempo, o si te tratan bien o no en cada momento. Un amigo leal no dice una cosa y luego hace otra. Un amigo leal no revela secretos. Un amigo leal no se escapa cuando sospecha que viene un conflicto, sino que se compromete a trabajar para resolver los momentos difíciles.

Las amistades que perduran en el tiempo (y digo años de años) están construidas sobre un fundamento de roca sólida que es la lealtad. Esperamos que puedas encontrar este tipo de amigos. Esperamos que puedas ser este tipo de amigo.

CAPÍTULO 45

SER HONESTO

Todos buscamos un amigo en quien confiar. No hay nada que duela más que cuando alguien te miente, especialmente cuando ese alguien es un amigo. Un buen amigo es honesto.

¿Qué es la honestidad? La honestidad es simplemente comunicar la verdad. Dices lo que quieres decir. La honestidad no significa que no te importen los sentimientos de otros o que digas cosas que sean dolorosas solo porque son verdad. La honestidad en una amistad significa decir la verdad con amor y de manera directa.

Digamos que Marko se acerca a mí (Kurt) frente a un grupo de personas y dice: "Kurt, eres bajito, se te está cayendo el pelo, tus pies son chicos, esa camisa es muy anticuada, y te sale pelo por las orejas." ¿Está siendo honesto? Desafortunadamente, Sí. ¿Hay un mejor lugar y momento para decirme estas cosas? Definitivamente, sí. O tal vez no tiene por qué decirlas todas, ya que son obvias, innecesarias, y no me edifican. Si tú dejas de decir algo que es verdadero porque sientes que no ayudará a resolver la situación ni ayudará a la persona, entonces no eres deshonesto. Eso muestra buen juicio.

Ser honesto no incluye chismear sobre tus amigos con otras personas. Cuando hablas detrás de las espaldas de tu amigo (incluso si todo lo que dices es verdad) no lo estás motivando ni edificando. De nuevo, cuando la honestidad se utiliza de manera equivocada, puede ser desastrosa para una amistad.

COSAS QUE PUEDES ENSEÑAR A TUS AMIGOS:
La gaseosa con sabor cítrico llamada "7up"
fue creada en 1929. El "7" fue elegido porque
el envase original contenía 7 onzas, y el "UP" in-
dicaba la dirección de las burbujas (que van
hacia arriba).

A veces la verdad duele. Si vas a ser honesto con tus amigos, debes
estar preparado para que ellos sean honestos contigo. No esperes
que se queden callados después de que les hayas dicho todo. Si una
amiga te dice algo que te duele, sé honesta con ella. Dile *qué* te
dolió y explícale *por qué* te dolió. Este tipo de intercambio honesto
fortalecerá tu amistad y generará confianza entre ustedes dos.

La honestidad es la mejor política. Una amistad que se desarrolle sobre una completa honestidad será sólida. Una amistad desarrollada
sobre honestidad y buen juicio será una amistad para toda la vida.

"CREO QUE LA CUALIDAD MÁS IMPORTANTE EN UN AMIGO ES LA HONESTIDAD. ESO, Y SER ALGUIEN A QUIEN NO LE DÉ VERGÜENZA TIRARSE UN PEDO QUE SUENE FUERTE".

—MATTHEW, 13 AÑOS.

CAPÍTULO 46

DAR ÁNIMO

El otro día, uno de mis amigos (de Marko) me dijo: "Eres muy bueno para bla, bla, bla". (En realidad mi amigo me dijo que pensaba que yo era bueno para tal cosa y tal otra, no dijo solo "bla, bla, bla"). Fue MUY estimulante.

Otro amigo me mandó un e-mail solo para decirme que disfruta cómo hago tal y tal otra cosa. Fue MUY estimulante.

Te revelaremos un pequeño secreto acerca de la amistad. Si eres una persona que anima a otros, todos querrán ser tus amigos, porque haces que la gente se sienta bien con respecto a sí misma.

La palabra *ánimo* es una palabra genial cuando la entiendes. Significa "tener un corazón completo" o "llenar el corazón". En inglés, la segunda sílaba de la palabra "encouragement" (ánimo), es *cour*, que es una variación de la palabra *corazón* en francés.

Y así es como se siente cuando alguien te anima, ¿verdad? Se siente como si estuvieran llenándote el corazón, dándote esperanza, valor y fuerza, y haciéndote sentir fuerte y seguro. Hombre, ¡ese es un sentimiento genial!

Pero existe una diferencia entre un ánimo realmente grandioso y otro que no lo es tanto. El que no es tan genial trata acerca de cosas más superficiales (llamémosles "cumplidos"). Por ejemplo, si alguien te dice: "Oh, me gusta cómo arreglaste tu cabello hoy", bueno, da gusto escuchar eso, pero no es algo que te sostenga mucho. Es como comer un pedazo de dulce, comparado con una cena hecha en casa.

El ánimo verdaderamente grandioso es cuando puedes detectar algo más profundo sobre una persona, como una de sus cualidades positivas. Por ejemplo, si le dices a una amiga: "Tú eres una persona realmente creativa" (suponiendo que realmente lo sea), esto es mucho mejor que decirle: "Me gusta tu blusa". O puedes notar que tu amiga hace algo grandioso, y se lo dices así: "Pienso que fue genial como fuiste amistosa con esa chica en la clase de gimnasia, aquella con la que nadie más quiso hablar". Sí, eso es mucho mejor que decir: "Tus dientes lucen muy brillantes".

Así es que trata de detectar cosas más profundas sobre tus amigos, su carácter y las cosas buenas que hacen. Luego ponle nombre a esas cosas y destácalas. Es una gran manera de ser un buen amigo. En serio, de verdad. ¡No estamos bromeando!

CAPÍTULO 47

DAR Y SERVIR

En la Sección 6 de este libro (la que habla sobre los conflictos en las amistades) hablamos sobre el egoísmo (Capítulo 38) y cómo este puede matar una buena amistad. Así es que tiene sentido que lo contrario del egoísmo pueda ayudar a construir una amistad, ¿verdad?

Bueno, lo contrario del egoísmo es dar y servir a tu amigo. No estamos hablando de que te pongas un uniforme de sirviente y lo atiendas. ("Sí, señor, ¿puedo ofrecerle otra tacita de té?"). No, estamos hablando de tratar de satisfacer las necesidades más profundas de tu amigo.

El problema es que la mayoría de los chicos en la escuela secundaria no pueden dejar de mirarse a sí mismos el tiempo suficiente como para notar las necesidades de otros. Y eso es comprensible, dado que están pasando por grandes cambios en sus vidas. (Es natural estar un poquito enfocados en sí mismos en estos momentos, aunque no sea algo demasiado bueno).

¿Qué tipo de necesidades puede tener tu amigo que puedas satisfacer? Bueno, muchas de sus necesidades serán parecidas a las tuyas. Por ejemplo, lo más probable es que tengas la necesidad de sentirte valorado o de sentir que eres especial. Por lo que es probable que tu amigo tenga la misma necesidad y tú tal vez puedes hacer algo para satisfacerla. O tal vez te das cuenta de que necesitas a alguien con quien compartir tus secretos más profundos. Entonces, tiene sentido que tu amigo tenga la misma necesidad.

Puede haber cosas que tu amigo necesite y tú no. Por ejemplo, tal

vez sabes que tu amiga no puede costearse un nuevo par de jeans y siempre usa el mismo par, que realmente está muy gastado. Tal vez puedas satisfacer esa necesidad. O tal vez notas que tu amigo realmente necesita ayuda en una tarea que debe hacer (como rastrillar las hojas del jardín, o algo parecido). Puedes servir a tu amigo ayudándole con esa tarea.

COSAS QUE PUEDES ENSEÑAR A TUS AMIGOS: En la antigua Roma, nacer con la nariz torcida era considerado un signo de liderazgo.

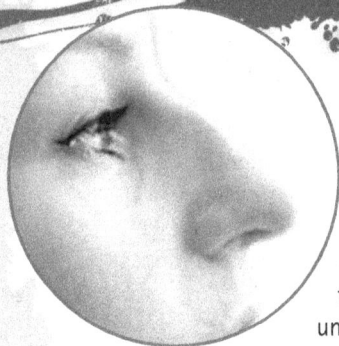

O qué tal esta otra: Puede que tú sepas que tu amigo no conoce a Jesús. Bueno, esa es una gran necesidad, ya sea que tu amigo lo vea así o no. Una de las mejores formas en las que podrías servir a tu amigo es contándole acerca de Jesús y sobre la diferencia que Jesús ha hecho en tu vida.

Si eres capaz de desarrollar la habilidad de reconocer las necesidades de otros, y estás dispuesto a hacer lo que esté a tu alcance para satisfacerlas, entonces serás mejor amigo que la mayoría de las personas en este mundo. ¡Serás un súper amigo!

131

"YO Y MI MEJOR AMIGA **USAMOS LA MISMA TALLA, ASÍ QUE** COMPARTIMOS LA ROPA."

—KRISTY, 12 AÑOS

CAPÍTULO 48

TENER COMPASIÓN

Compasión es una palabra grande, ¿no lo crees? ¿Sabes lo que significa? Tiene que ver con ser capaz de sentir lo que otros sienten. Pero es más como sentirse movido (emocionalmente) cuando otro se duele o está en necesidad, y querer ayudar a esa persona.

La segunda parte de la palabra lo dice todo: *pasión*. Pasión significa estar completa y totalmente entregado a algo. Por ejemplo, puedes ser apasionado por el fútbol si piensas en el fútbol y juegas al fútbol todo el tiempo. O puedes ser apasionado por los videojuegos si eso es lo más importante en tu vida. Por supuesto, también puedes ser apasionado por otra persona.

Y com-pasión significa "*con pasión*".

Entonces, ¿por qué podría la compasión ayudar en una amistad?

Todos tenemos heridas en nuestras vidas. Todos tenemos momentos en que las cosas no marchan bien. Es cierto, es genial tener a alguien que te pueda ayudar con tus problemas (en el sentido de ayudarte a resolverlos). Pero a veces realmente no necesitamos que nos ayuden a resolverlos, o tal vez no hay nada que resolver. A veces solo necesitamos alguien que sepa de nuestro dolor y lo sienta con nosotros.

Esta es una característica importante de un buen amigo: ser alguien que se da cuenta de tu dolor y también lo siente.

Mientras yo (Marko) escribo esto, acabo de recibir un e-mail con la noticia de que un amigo mío está en el hospital luchando contra una enfermedad que él no sabía que tenía. Casi muere, y podría fácilmente haber perdido un brazo o una pierna a raíz de esta enfermedad. Los doctores dicen que se dieron cuenta justo a tiempo, y que por eso mismo lo más probable es que él vaya a estar bien. Pero deberá pasar dos semanas en el hospital y luego dos meses más de reposo en su casa. Algunos de sus otros amigos y yo hemos comenzado a hablar acerca de cómo podemos hacerle saber que nos importa, que comprendemos el dolor que está pasando. Estamos pensando en regalos, visitas, e-mails, oraciones, y todo tipo de cosas que puedan comunicar nuestro amor por él.

Eso es compasión. ¿Sientes eso hacia tus amigos?

CAPÍTULO 49

ESCUCHAR

Yo (Kurt) no soy muy buen oidor. Soy bueno para sentarme con alguien y mirarlo a la cara mientras me habla, pero luego no recuerdo ni una palabra de lo que dijo. En serio, ¡es de locos! Hay momentos en que mi esposa se sienta a mi lado en el sofá y comparte su día conmigo. La miro a cada rato, muevo mi cabeza asintiendo, y hago algún ruidito de vez en cuando, pero luego no recuerdo nada de lo que dijo, porque mi mente estaba pensando en mis propios problemas de trabajo, o en el juego de fútbol en la televisión.

Todos quieren y necesitan alguien con quien hablar. Pero, más importante aún, todos necesitan alguien que les escuche. La Biblia habla acerca de la importancia de oír. Dice que hay "un tiempo para callar, y un tiempo para hablar" (Eclesiastés 3:7).

Chicas: Hablar es algo bueno, pero escuchar es igual de importante. Aunque no lo creas, hay momentos en que solo tienes que sentarte (o pararte) y escuchar.

Chicos: Cuando no estén hablando, traten de escuchar. No seas ese chico que no habla ni escucha, y que solo mira al horizonte hacia tierra de nadie.

Hace poco hice una encuesta en mi ministerio con chicos de secundaria. Hice la siguiente pregunta: "¿Cuál es la cualidad número uno que buscas en un amigo?". ¿Y cuál piensas que fue la respuesta más común? Así es, alguien que sepa escuchar. El 50% de los chicos, y un sorprendente 80% de las chicas, escribieron esto en sus encuestas. Si esto es cierto para nuestros chicos de la escuela secundaria, estoy seguro de que lo más probable es que sea cierto para ti también.

Todos necesitamos a alguien que nos escuche. Hay momentos en que lo único que necesitas es a alguien que te escuche hablar sobre tus frustraciones, tus tentaciones, tus luchas y tus victorias. La Biblia dice: "Mis queridos hermanos, tengan presente esto: Todos deben estar listos para escuchar, y ser lentos para hablar y para enojarse" (Santiago 1:19). Por lo tanto, escucha primero y habla después.

El mejor amigo del hombre es su perro. ¿Por qué? Porque el perro se echará ahí por horas y horas mientras le hablas, hasta que acabes con sus colgantes orejas. Y lo sorprendente es que no dirá ni media palabra. Estará todo el tiempo escuchando, sin hablar. Podemos aprender muchísimo de nuestros amigos cuadrúpedos.

Así que, si los perros nos pueden enseñar a escuchar, entonces deben ser realmente inteligentes, ¿no? (En realidad no... ¡ni siquiera pueden limpiar su propio excremento!)

"**TRATO DE ESCUCHAR A** MIS AMIGOS. **PARECE QUE ESCUCHAR** LES DEMUES- TRA QUE **ME** INTERESAN".

—SAMANTHA, 12 AÑOS

CAPÍTULO 50

SER ATENTO

Antes de entrar de lleno en este capítulo, démosle una rápida mirada a lo que la palabra *atento* significa. Bueno, al buscar su significado, yo (Kurt) encontré que significa "dar especial atención o trato; ser solícito y considerado".

Luego de leer la definición, mi mente inmediatamente se acordó de Katie, una amiga mía. Katie de verdad comprende el concepto de "ser atento". Ella sabe dar especial atención a sus amigos y es súper considerada. Un par de meses atrás, yo estaba teniendo un día muy duro, uno de esos días donde todo sale mal. (Parece que tengo muchos de esos días). No podía encontrar las llaves de mi auto, estaba atrasado para mi trabajo, derramé mi té chai latte descafeinado sobre mis nuevos jeans, etc. Finalmente llegué al trabajo, y ya en mi oficina abrí mi e-mail. El primer e-mail en la lista era el de Katie. Era muy corto y simplemente decía: "Supe que tuviste una mañana difícil. Solo quiero que sepas que si necesitas algo, yo estoy aquí". Después de unos minutos, Katie entró a mi oficina con un te chai latte en sus manos. ¡Fue increíble!

Lo genial es que Katie hace este tipo de cosas especiales por todos sus amigos. Es la reina de la consideración y la atención. Veamos algunas de las formas en que tú también puedes mostrar algo de consideración hacia tus amigos.

Haz las cosas pequeñas. Una persona atenta hace las pequeñas cosas en una amistad. No hay nada demasiado pequeño para un buen amigo. Nunca pienses: "Alguien más se hará cargo de esto". ¿Cuáles son las pequeñas cosas que puedes hacer? Deja una nota de aliento en su casillero. Ofrécete a pagar el almuerzo la próxima vez que

salgan. Ve a su juego de fútbol (y obsérvalo de verdad). Pregúntale cómo le fue en su examen de historia. Llévale una cajita de helados de agua cuando le saquen las amígdalas. Estas son cosas pequeñas que pueden hacer una gran diferencia para tus amigos.

Recuerda las cosas grandes. Hay toneladas de cosas pequeñas, pero también hay un montón de cosas grandes que suceden en las vidas de tus amigos. ¿Cuáles son algunas de estas cosas grandes? Recordar los cumpleaños de tus amigos. Recordarlos en los días especiales (Navidad, Día de San Valentín, etc.). Recuerda sus entregas de premios, cuando actúan en una obra de teatro, las presentaciones de su banda musical, sus operaciones, los momentos difíciles que están viviendo, etc. No dejes que estas cosas grandes pasen sin que hagas, o a lo menos digas, algo especial que demuestre tu interés.

Ve un paso más allá. Ve mucho más allá por tus amigos. Son tus amigos y merecen un poco de tiempo, dinero y esfuerzo extra. ¡No te quedes corto!

Cuando comiences a ser atento con tus amigos, te sorprenderás de cuán atentos comenzarán a ser ellos contigo.

CAPÍTULO 51

¡DIVERTIRTE!

¡Vaya, al leer la lista de cosas de las que hemos hablado hasta ahora, pensarás que esto de ser buen amigo es algo súper serio! Pero la diversión también es una parte importante de ser un buen amigo.

Ya sabes de esto, ¿verdad? Digo, no tenemos que decirte que es buenísimo pasarlo bien con tus amigos. A los buenos amigos les fascina reír, jugar, bromear y pasar tiempo juntos. De hecho, algunos de nuestros recuerdos favoritos con nuestros amigos son de cuando lo hemos pasado bien con ellos.

Entonces, ¿cómo puedes ser el tipo de amigo que trae diversión?

Primero que nada, no te ofendas por cosas todo el tiempo. Si tu amigo hace una broma que sientes que es una burla hacia ti, pero sabes que tu amigo no quiso ofenderte, entonces no hagas todo un lío por lo sucedido. Tienes que estar dispuesto a reírte de ti mismo.

Sé creativo. Sugiere nuevas y entretenidas ideas de cosas que tú y tus amigos puedan hacer juntos. Inventen juegos. Vayan a escalar un cerro. Renten una película y hagan galletas. Creen una obra de teatro ridícula. Hay muchas cosas que pueden hacer que serán entretenidas, pero normalmente requieren que alguien las sugiera para empezar.

Sé espontáneo. Esto significa hacer las cosas ahora, sin pensar mucho en ellas. Lo más entretenido que vayas a disfrutar con tus amigos probablemente no serán aquellos momentos que planificaste con anticipación. Por el contrario, serán esas ideas originales que se les ocurren y que los llevan a hacer algo alocado.

COSAS QUE PUEDES ENSEÑAR A TUS AMIGOS:
La Coca-Cola dietética fue inventada en 1982. Originalmente se llamó "Coca-Cola Diet", y fue la primera marca nueva que usó el nombre "Coca-Cola" desde 1886.

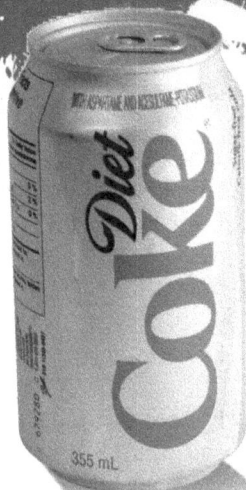

Diet Coke

355 mL

Se cuidadoso con cómo le tomas el pelo a tus amigos. A veces parece entretenido tomarles el pelo a tus amigos. Especialmente cuando haces cosas tontas. Pero eso puede ser hiriente también, y puede hacer que ellos no se sientan seguros contigo. Bromea con tus amigos solo si estás seguro de que ellos pensarán que es chistoso.

Cuando yo (Marko) estaba en la escuela secundaria, un amigo y yo a veces acampábamos en el patio trasero de su casa. De cierta manera era un poco aburrido. Quiero decir, no estábamos en un campamento y seguíamos entrando a la casa a cada momento para tomar las cosas que queríamos o necesitábamos. Pero para nosotros era muy entretenido. Jugábamos guerra de linternas, contábamos historias de terror, comíamos comida chatarra, y todas esas cosas. Esos momentos entretenidos reforzaron nuestra amistad.

¿Añades tú diversión a tus amistades?

CAPÍTULO 52

SER FLEXIBILE

¿Sabes lo que es *flexibilidad*? Es cuando alguien está dispuesto a doblarse. Por ejemplo, una manguera de jardín es flexible. Y un pedazo de papel es flexible. Pero una piedra no es flexible. Ni un tubo de metal es flexible.

Las personas pueden ser flexibles o inflexibles (que quiere decir *no flexibles*). Y eso no se refiere a si se pueden doblar físicamente por la mitad o no. (Bueno, también puede significar eso. Después de todo, a un gimnasta que puede contornear su cuerpo en formas raras se le considera flexible. Pero no es ese el tipo de flexibilidad del que estamos hablando).

No, el tipo de flexibilidad del que hablamos es cuando la gente está dispuesta a *cambiar*. A veces incluso diríamos que esas personas están dispuestas a *ceder*. Entonces, ¿por qué la flexibilidad es un modo de ser un buen amigo? Bueno, es difícil ser amigos de gente que nunca, jamás está dispuesta a cambiar. Digamos que tú y tu amigo van al centro comercial. Cuando están ahí, deciden ver una película. Tu amigo quiere ver una película que tú ya has visto y que no te gustó. Tú quieres ver cualquier cosa menos esa película. Tu amigo no cede, e insiste en que no estará contento a menos que aceptes ver la película que no quieres ver. Eso es ser inflexible. Y eso apesta en una amistad.

En realidad, ser flexible significa que estás dispuesto a renunciar a tus propios planes y a tu propia agenda. Eso les dice a tus amigos que piensas que son importantes... o que lo que les importa a ellos también te importa a ti.

Los buenos amigos son amigos flexibles. ¡Dóblate!

CAPÍTULO 53

RENDIR CUENTAS

Hablamos del poder de los amigos en el Capítulo 8, y descubrimos que somos más fuertes cuando compartimos la vida con otros. En una amistad centrada en Cristo, necesitamos cuidarnos los unos a los otros y rendirnos cuentas mutuamente. (De hecho, eso es a lo que nos referimos con rendir cuentas: a cuidarse los unos a los otros). Es como cuando los miembros de un mismo equipo conversan y se muestran sus fallas y errores con el propósito de ayudarse, para convertirse en mejores jugadores. Veamos un par de formas en que puedes ser un buen amigo al rendir y pedir cuentas a tus amigos.

Guarda la confidencialidad. El primer paso para rendirse cuentas mutuamente con tus amigos es cuidar lo que te cuentan. No compartirán cosas contigo si no las puedes guardar. Después de que un amigo te cuenta todo sobre sus luchas y problemas personales, guárdatelos para ti mismo. Esto le dice a tu amigo: "Puedes confiar en que haré lo correcto". Mantener la confidencialidad significa que guardas la mayor parte de las cosas para ti mismo, pero no necesariamente todo. Si un amigo comparte algo que puede ser peligroso, dañino, o que te asusta, necesitas hacérselo saber a alguien. Dile que hablarás con algún padre, un consejero de la escuela, o un pastor juvenil. Si puedes ser alguien de confianza, atraerás a amigos que se comportarán del mismo modo contigo. ¿Eres confiable? ¿O una persona sería tonta si confiara en ti?

Sé honesto. La confidencialidad lleva a la honestidad. Si tú puedes guardar cosas para ti, tus amigos serán honestos y abiertos cuando compartan contigo. Rendirse cuentas mutuamente con un amigo es compartir en forma honesta sus luchas y heridas, y luego mantenerlas en secreto. De nuevo, la gente está buscando amigos en

quienes confiar. ¿Qué tan difícil es para ti guardar un secreto? ¿Qué tan difícil es para ti compartir con un amigo aquello con lo que estás lidiando? Es imposible rendirse cuentas mutuamente si no son ambos honestos.

COSAS QUE PUEDES ENSEÑAR A TUS AMIGOS: Cada año, un millón de personas menores de 18 años comienzan a fumar (alrededor de 3.000 cada día.)

Sé respetuoso. Si se van a rendir cuentas mutuamente, deben respetarse. Cuando respetas a un amigo, lo querrás y aceptarás por quién es, sin importar las decisiones estúpidas que pueda tomar. El respeto es tratar a tu amigo de la misma forma en que quisieras ser tratado tú.

El pegamento que mantiene unidos a los amigos que se rinden cuentas mutuamente es la confianza. ¿Se puede confiar en ti con los temas pequeños y los temas grandes de la vida? Puede ser fácil para tu amigo pedirte que le ayudes a dejar de chismear, pero, ¿puede confiar lo suficiente en ti como para contarte que metió la pata en una fiesta a la que ni siquiera debió haber ido? Sé un amigo en quien se pueda confiar. Recuerda, encontrarás buenos amigos siendo un buen amigo.

FORMAS DE SER UN MAL AMIGO

8

CAPÍTULO 54

COMPETIR

Te hemos dado una buena lista de algunas formas en las que puedes ser un buen amigo. No es una lista completa, pero es un buen comienzo. También hay formas de ser un *mal* amigo, un montón de actitudes y conductas que, si decides ponerlas en acción, casi siempre terminarán arruinando tus amistades. De nuevo, la lista de malas conductas tampoco es una lista completa, pero es un muy buen comienzo. Empecemos con el peligro de la competencia dentro de una amistad.

No toda competencia es mala. No estamos hablando de competir en un juego de fútbol en la calle, o en un emocionante partido de "UNO". Ese tipo de competencia es una parte bastante saludable de una amistad. Pero puedes arruinar una amistad siendo demasiado competitivo en otros ámbitos. Aquí hay algunos ejemplos del tipo de competencia del que estamos hablando:

Competir al comparar. Cuando te comparas constantemente con tus amigos, estás poniendo tu amistad en una posición lista para caerse. Comparar es una forma de competencia aparentemente inofensiva, pero que trae muchos problemas. ¿Soy más inteligente que él? ¿Es ella más bonita que yo? ¿Por qué mi casa no es tan bonita como la de ella? Normalmente, este tipo de comparaciones llevan a los celos, que como probablemente ya leíste en el Capítulo 37, son mortales para una amistad.

Competir para llamar la atención. Cuando comienzas a competir con tus amigos por llamar la atención, comienzas a carcomer tu amistad. Competir para tener más atención es una forma de egoísmo. Cuando quieres toda la atención, básicamente estás diciéndoles a tus amigos: "No eres tan importante como yo". Cuando tus amigos sienten que lo único que te importa eres tú mismo, comenzarán a buscarse otros amigos más leales.

Competir por tener la última palabra. ¿Alguna de las siguientes escenas te suena familiar? Tú y tu amiga están teniendo una discusión. En vez de valorar su opinión, o de simplemente dejar las cosas ahí, tú te aseguras de tener la última palabra. O tu amigo está contando una historia, y tú le interrumpes una y otra vez para asegurarte de que la cuente correctamente. Cuando haces este tipo de cosas constantemente, le estás diciendo a tu amigo que lo que tú tienes que decir es más importante que él.

Vivimos en un mundo muy competitivo. La competencia no es siempre algo malo, pero puede arruinar las amistades rápidamente si dejamos que se entrometa en áreas de nuestras relaciones a las cuales no pertenece.

CAPÍTULO 55

UTILIZAR A LAS PERSONAS

Estás muy enojado con un chico en tu clase de matemáticas y se lo quieres hacer saber, solo que no quieres hablar con él directamente. Entonces, le pides a tu amigo que hable con ese chico en tu lugar. Acabas de utilizar a tu amigo.

No terminaste tu tarea de ciencias, pero sabes que tu amigo sí lo hizo. Le pides a tu amigo que te permita copiar su tarea. Cuando te dice que eso no le hace sentir cómodo, haces pucheritos y le dices que si realmente fuera tu amigo te ayudaría. Estás utilizando a tu amigo.

Sabes que tu amigo tienes más dinero que tú. Entonces, cuando están en la tienda, haces una gran escena sobre cuánto quieres uno de los nuevos CDs, pero dejando claro que no tienes suficiente dinero para comprarlo. Tu amigo te lo compra. Lo acabas de utilizar.

El "utilizar a las personas" ocurre cuando tratamos a otros como un medio para obtener lo que queremos. O hacemos que las personas hagan cosas por nosotros, o las convencemos, o las engañamos para que lo hagan. Utilizar a las personas muestra egoísmo de nuestra parte. Muestra que no nos importa realmente lo que es mejor para nuestro amigo, solo lo que es mejor para nosotros.

Los amigos verdaderos, los buenos amigos, no se utilizan entre ellos. Entonces, si quieres ser un amigo fatal, terrible y apestoso, asegúrate de utilizar a tus amigos. Trátalos como si no importaran, trátalos como si fueran objetos, trátalos como empleados o escla-

vos. En otras palabras, trátalos como si fueran menos que tú. ¡Sí!
¡Así serás un pésimo amigo!

COSAS QUE PUEDES ENSEÑAR A TUS AMIGOS:
Más de 2.500 personas zurdas mueren cada
año por usar productos diseñados para ser
utilizados por personas diestras.

CAPÍTULO 56

IGNORAR A LOS DEMÁS

¡Ay, hombre! Puede que no haya una forma mejor o más rápida para ser un mal amigo que practicar el antiguo arte de ignorar a los demás. Ignorar a alguien por lo general toma una de dos formas. Ambas son malas, pero pronto descubrirás cuál es la peor.

La primera forma de ignorar a otro es cuando lo haces por accidente. Esto ocurre todo el tiempo. Tu amigo quiere pasar tiempo contigo, pero tú estás muy ocupado. Por eso es que rápidamente le das el corte a tu amigo para seguir enfocado en lo que hacías. O tal vez estás pasando un rato con un grupo de amigos. Y en esa noche de viernes en particular le estás prestando más atención a un amigo que a otro. Realmente no estás tratando de ser malo, y tal vez ni te das cuenta de que estás ignorando a tu otro amigo. Pero, aunque no lo estés haciendo a propósito, sus sentimientos se han herido de todas maneras. Cuando esto ocurre, las amistades también se hieren.

Nunca podrás controlar esto por completo. (Kurt ignora a Marko todo el tiempo). Sin embargo, cuando te das cuenta de que has estado ignorando a un amigo, lo mejor que puedes hacer es pedirle disculpas rápidamente y dejarle clara tu intención de prestarle más atención en el futuro.

La segunda forma de ignorar a alguien es cuando lo haces a propósito. Aplicarle la "ley del hielo" a alguien ha sido una de las prácticas favoritas de los malos amigos por miles de años. (A todo esto, la "ley del hielo" surgió a comienzos de los años 1800, supuestamente aludiendo a la costumbre de darle la bienvenida a un invitado deseado con una cena de carne asada, pero servirle solamente un trozo de espaldilla de vacuno o de cordero *frío*, un platillo bastante inferior, a aquellos que se quedaban más tiempo de lo debido). Bueno, ignorar a alguien a propósito, dejando de hablarle o actuando como si no existiera, es algo muy efectivo, porque es muy dañino. A nadie le gusta ser ignorado a propósito por un amigo.

Si tratas de vengarte de tus amigos ignorándolos, o si la "ley del hielo" es algo que utilizas para evitar a alguien o enfatizar tu punto de vista, entonces debes reconocer que realmente estás haciéndole muy difícil a esa persona el continuar siendo tu amigo. Lo más probable es que un amigo que espera nerviosamente a ver cuándo será la próxima vez que lo ignores no seguirá siendo tu amigo por mucho tiempo.

"LOS AMIGOS SON INCREÍBLES, PERO CUANDO LOS TIEMPOS DIFÍCILES GOL-PEAN, PARECEN ESCAPAR Y TENER MIEDO DE AYUDARME A ATRAVESAR EL DOLOR".

—RACHEL, 14 AÑOS

CAPÍTULO 57

MANDONEAR

"Tráeme esto", "¡Haz esto por mí ahora!", "¡No hagas eso!", "Escúchame"...

Esas órdenes no suenan muy amistosas, ¿verdad? Esas órdenes (y un montón de otras como esas) frecuentemente son utilizadas por la gente que es mandona. ¿Quieres arruinar tus amistades? Te doy una clave: comienza a mandonear a tus amigos.

A la mayoría de las personas no les gusta que les den órdenes. A los adultos ni siquiera les gusta que los mande su jefe, incluso cuando se supone que eso es lo que deben hacer los jefes. Pero como tú no eres el jefe de tus amigos (a no ser que les estés pagando para que sean tus amigos, lo cual sería muy extraño), no tienes motivo para mandonearlos, y ellos no tienen motivo para soportarlo.

En cualquier círculo de amigos habrá una o dos personas que sobresalgan, y todos los demás los verán como líderes. Esto es bastante natural, pero se puede poner feo si esos "líderes" se transforman en "mandones".

Si tus amigos te ven como un líder, evita la tentación de utilizar esa posición como excusa para decirles a todos cómo comportarse, qué hacer, y cuándo hacerlo. Si eres uno de los líderes del grupo, lo más probable es que tus amigos valoren bastante tu opinión, así es que no tengas miedo de compartirla. Pero trata de hacerlo de manera que no hagas sentir a tus amigos como si pensaras que eres mejor que ellos.

COSAS QUE PUEDES ENSEÑAR A TUS AMIGOS:
El número de autos en el planeta se está
incrementando tres veces mas rápido que la
población.

Si no eres el líder del grupo, puede ser muy tentador aumentar tu
influencia a través del mandoneo a los otros. Puedes pensar que al
tener más oportunidades de hablar y darles órdenes a las personas,
mejorarás tu posición dentro del círculo de amigos. Hay dos problemas con esta idea. Primero, es un ejemplo de un tipo de competencia equivocada, de lo cual ya hablamos en el Capítulo 54. Segundo,
tus amigos notarán que has cambiado y que has comenzado a
comportarte como un idiota. Tus amigos más cercanos tal vez estén
dispuestos a llamarte a un lado para hablar contigo al respecto,
pero el resto de ellos decidirán que no quieren ser más tus amigos.

Suficiente con esto de ser mandón. Continúa y lee el siguiente
capítulo. ¡Léelo ahora! Oh... ¿eso sonó muy mandón?

CAPÍTULO 58

SER INSENSIBLE

Esto es algo grande que puede dañar mucho una amistad. Ser insensible significa que no te interesan los sentimientos de la otra persona. Es fácil ver cómo la insensibilidad es una gran manera de ser un mal amigo, ya que interesarse acerca del otro es algo básico en cualquier amistad. Ok, eso es bastante fácil de entender. Ahora quédate con nosotros, porque se pondrá un poco más complicado.

Otro problema con la insensibilidad es que la persona que es insensible casi nunca se da cuenta de que se está comportando de ese modo. Puede pasar algo así:

Amigo 1: "Estoy nervioso por el examen, porque no tuve tiempo de estudiar."

Amigo 2: "¿A quién le importa? De todas formas apestas en matemáticas. Si hubieras estudiado, no habría servido de nada."

O puede verse como algo así:

Amigo 1: "Mi mamá y mi papá parecen estar peleando mucho últimamente, y no sé qué hacer al respecto..."

Amigo 2: "No es gran cosa, mis padres pelean todo el tiempo. ¡Supéralo!"

O algo como esto:

Marko: "Hola, Kurt. ¿Qué se siente al ser bajo y pelado?"

FORMAS DE SER UN MAL AMIGO

Kurt: "No tan mal. ¿Y qué se siente ser al barrigón?"

COSAS QUE PUEDES ENSEÑAR A TUS AMIGOS: Masticar chicle mientras pelas una cebolla evitará que llores.

Piénsalo por un momento. Una pequeña broma entre nosotros dos (como la que acabas de leer) es algo chistoso... de vez en cuando. Pero si nuestra amistad estuviera llena de momentos así, ¿qué tipo de amistad sería? Debido a que mucha de nuestra falta de sensibilidad ocurre sin intención, es importante señalársela a tu amigo cuando sucede.

Los buenos amigos te agradecerán que les hagas ver su insensibilidad, y trabajarán para tratar de ser más sensibles en el futuro.

CAPÍTULO 59

NO SER SINCERO

"¡No, en serio, tú eres definitivamente la persona más inteligente que he conocido en toda mi vida!" (¡Y no lo es!)

"¡Yo nunca, jamás le contaré a nadie tu secreto!" (¡Excepto a las próximas tres personas a las que iré corriendo a contarles!)

"¡Creo que esos jeans se te ven súper bien!" (Y por "súper", me refiero a que tu trasero se ve del tamaño de Brasil).

Cuando alguien es *sincero*, significa que lo que dice realmente es lo que quiere decir. (Tratamos de hacer un trabalenguas, pero no pudimos.) Por otra parte, una persona que no es sincera dice cosas que realmente no son lo que piensa.

La falta de sinceridad es una GRAN forma de ser un mal amigo. Si tus amigos no pueden tomar en serio tu palabra, o si no pueden creer lo que dices, entonces no serán tus amigos por mucho tiempo.

Jesús dijo: "Tampoco jures por tu cabeza, porque no puedes hacer que ni uno solo de tus cabellos se vuelva blanco o negro. Cuando ustedes digan 'sí', que sea realmente sí; y cuando digan 'no', que sea no. Cualquier cosa de más, proviene del maligno". (Mateo 5:36-37)

Jesús está diciendo que si hablas honestamente todo el tiempo, entonces nunca tendrás que decir: "Lo juro". Si tu "sí" es siempre honesto, y si tu "no" es siempre honesto, tus amigos nunca tendrán un motivo para preguntar: "¿Me juras que estás diciendo la verdad?"

COSAS QUE PUEDES ENSEÑAR A TUS AMIGOS:
Si gritas durante ocho años, siete meses y seis días, producirás suficiente energía sonora como para calentar una taza de café.

Bueno, si quieres ser un estúpido, apestoso, hiriente y pésimo amigo, entonces no seas sincero. En verdad, lo decimos en serio. Juramos estar diciendo la verdad. No, realmente. ¡Puedes confiar en nosotros!

CAPÍTULO 60

AHOGAR A LOS DEMÁS

Cada año, después del Día de Acción de Gracias, yo (Marko) vivo en "la tierra del alimento feliz" por alrededor de una semana... o hasta que la salsa del pavo se acabe. No me hago el tradicional plato con las sobras de la cena de Acción de Gracias. Tengo un plato favorito que es un tanto raro. En un tazón, o en un trozo de pan, pongo un poco de pavo. Después pongo relleno de pavo o puré de papas (depende de lo que más tengamos) encima del pavo. Después "ahogo" toda esta mezcla con la salsa de pavo y lo caliento en el microondas, y entro en un coma de sabor.

Mi familia se ríe de mí por otra comida que yo mismo preparo de vez en cuando, "la especialidad de Marko", el "sándwich caliente, abierto y ahogado". Aquí está la receta:

- Una rebanada de pan, colocada en el centro de un plato grande.
- Una pizca de aderezo Ranch o salsa Barbacoa (opcional)
- Una doble porción de carne. Pavo o roast beef son mis favoritos.
- Y aquí está el toque final: una montaña de queso rallado. Fetas de queso también funcionan, pero el queso rallado es más fácil. (Dato curioso: Cuando Kurt y yo éramos niños, no podías comprar el queso rallado en la tienda, ¡tenías que rallarlo tú mismo!)
- Ponlo en el microondas, y a continuación disfruta de una maravillosa mescolanza caliente, pegajosa y ahogada.

Como ves, "ahogar" puede ser una cosa buena cuando se trata de comida. (Puede que no estés de acuerdo con las recetas "ahogadas" de Marko, pero tú puedes llegar a elaborar las tuyas propias). Sin embargo, ahogar no ayuda mucho cuando se trata de las amistades.

Ahogar a otra persona es... bueno... solo piensa en ello como si fueras la salsa del pavo o el queso derretido. Ahogar o asfixiar a otra persona es no darle ningún espacio, demandando toda su atención y tiempo, y sentirte amenazado si él o ella tienen otros amigos aparte de ti.

Las amistades, al igual que las personas, necesitan respirar. Las amistades necesitan espacio. Los amigos que están juntos las 24 horas, los 7 días de la semana, los 365 días del año, probablemente no tienen una amistad sana. Y la mayoría de las personas realmente no quieren ese tipo de amistad de todos modos. Por lo tanto, si tú demandas ese volumen de tiempo y atención de tus amigos, probablemente terminarás asustándolos. En serio, ser un amigo que ahoga a los demás es una de las razones más comunes de por qué terminan las amistades de la escuela secundaria.

Así es que, si quieres malas amistades que no duren mucho tiempo, o si quieres ser un mal amigo, entonces sé el queso fundido. O la salsa del pavo. Es tu decisión.

"ALGUNAS VECES **ME ESFUERZO DEMASIADO** POR HACER **AMIGOS,** Y TERMINO POR **ESPANTARLOS".**

—NOAH, 11 AÑOS—

¡YO FUI UN TONTO EN LA ESCUELA SECUNDARIA! – MARKO

Un grupo de amigos y yo estábamos en un retiro... creo que fue con el grupo de jóvenes de secundaria de nuestra iglesia. A mis amigos y a mí nos encantaba hacer bromas. Sobre todo, nos encantaba hacerles bromas a otras personas. Pero cuando dejamos de hacerlas a otros, nos hacíamos bromas entre nosotros.

Estoy seguro de que realmente con un esfuerzo de mi cerebro, podría recordar la lenta escalada bélica que nos llevó a cometer la más estúpida de todas las historias estúpidas. Probablemente comenzó con mi amigo John poniendo agujas de pino en mi saco de dormir, o algo así. Algo que simplemente suplicaba que todos saliéramos, en gran escala, a tomar represalias bélicas. Al menos estoy seguro de que eso es lo que yo pensaba.

John, que de alguna forma fue mi mejor amigo a lo largo de todos esos años y sigue siendo un amigo cercano hasta el día de hoy, era un chico pequeño. Muchas de las brillantes bromas que se me ocurrían para hacerle tenían algo que ver con levantarlo. Porque podía hacerlo.

Esto ocurrió después de que "apagaran las luces", y de que todos los chicos estuvieran en sus sacos de dormir. Han pasado muchos años desde aquello, y mi memoria ha olvidado algunos pequeños detalles (como, por ejemplo, no tengo la menor idea de dónde estaba el consejero de mi cabaña, ni de por qué él no detenía las estupideces que hacíamos.) Pero, en fin... como sea.

Me metí a escondidas en la litera de John, lo arrastré hacia abajo dentro de su saco de dormir, y amarré con un nudo la parte de arriba, como la parte superior de una bolsa de pan. Él pateó y gritó y esas cosas, pero realmente no había nada que pudiera hacer. Además, él siempre estaba metido en algún tipo de aventura.

Conseguí a algunos amigos y llevamos a John afuera (aún hecho una bola en su saco de dormir). Lo cargamos hasta el centro del campamento, donde había un asta de bandera muy alta (¿puedes ver a dónde va la cosa?). Sip, entonces atamos la cuerda del asta a la parte superior del saco de dormir, y nos aseguramos de que el nudo fuera realmente seguro (¡la seguridad ante todo!). Después, nosotros cuatro tiramos y tiramos, y subimos a John (aún en su saco de dormir) hasta la parte superior del asta. Ah, y él no estaba muy seguro de lo que estaba pasando. Más tarde me dijo que se había dado cuenta de que nuestras voces se alejaban, pero no sabía por qué.

Aquí es donde la historia se pone, bueno... cuesta abajo. Nosotros pensábamos que éramos chistosísimos. Pensábamos que éramos los chicos más graciosos del planeta. Hasta que la cuerda se resbaló un poco de nuestras manos. Después entramos en pánico. ¡Ya no podíamos seguir sujetando por más tiempo la cuerda! Nuestras manos estaban acalambradas, y la cuerda era delgada y se estaba resbalando en nuestras (ahora sudorosas) manos. Entonces nosotros... ¿listos?... ¡la soltamos! Sip. Nosotros soltamos la cuerda, y John (aún en su saco de dormir) comenzó a caer hacia el piso. Y aterrizó justo en ese pequeño cuadrado de hormigón en la base del asta.

John se fracturó su brazo, pero nada más que eso. Todos nosotros fuimos bastante afortunados... ¡especialmente John! Han pasado 30 años desde que ocurrió esto. Hace poco visité a John. Estábamos hablando de esta historia, y una vez más me dijo: "¡No puedo creer que hayan soltado la cuerda!". Sí, bueno, es que yo fui un tonto en la escuela secundaria, ¿recuerdas?

SITUACIONES DIFÍCILES

9

CAPÍTULO 61

CUANDO A TUS PADRES NO LES GUSTAN TUS AMIGOS

¿Alguna vez te ha sucedido algo como esto?

Terminas de hablar por teléfono con un nuevo amigo, y tu mamá te pregunta: "¿Con quién hablabas?" Tú le dices que con Carlos, y ella te responde: "Ah, a mí no me gusta ese Carlos".

O le pides a tu papá que te lleve al centro comercial. Tu papá te pregunta con quién irás, y tú le dices que con Teresa. Él dice: "No, no quiero que te andes paseando por el centro comercial con Teresa. Ella es una mala influencia para ti."

Es duro cuando a tus padres no les gustan tus amigos. Te pone en una situación realmente difícil, al tratar de defender a tu amigo frente a tus padres, o al tener que elegir entre tus padres y tu amigo. Y siempre es difícil, ya sea que tus padres tengan o no razón acerca de tu amigo.

Nos parece que hay básicamente dos grupos aquí: Los muy buenos amigos que no les agradan a tus padres, y los amigos no tan buenos que tampoco les gustan a tus padres. Comencemos con el segundo grupo, porque es un poco más fácil. (Sin embargo, nunca es sencillo).

Aquí está el punto: Por difícil que resulte de creer, tus padres *probablemente* tengan razón más a menudo de lo que están equivocados. Claro, esto no es así con todos los padres, pero la *mayoría* de los padres quieren lo mejor para sus hijos y tienen un buen sentido de quién es un buen amigo para sus hijos y quién no. Sin duda tus padres han tenido experiencias con personas que parecían ser buenos amigos en el momento, pero que después los llevaron a tomar decisiones y a hacer cosas que no eran buenas para ellos.

COSAS QUE PUEDES ENSEÑAR A TUS AMIGOS:
Si te tiraras gases constantemente durante 6 años y 9 meses, se produciría suficiente gas como para crear la energía de una bomba atómica.

Así que nuestra respuesta algo estúpida para una situación como esta (porque probablemente tú no harías esto) es escuchar a tus padres. Por supuesto, esto es fácil de decir para nosotros... solo estamos escribiendo un libro, no viviendo tu vida.

En la otra situación (cuando a tus padres no les gusta tu amigo, pero ese amigo es realmente un buen amigo, y no una mala influencia para ti), hay algunas cosas que puedes intentar, como por ejemplo:

Pregunta si puedes invitar a tu amigo a cenar con tu familia. Si tus padres llegan a conocerlo mejor, puede que comiencen a ver tu relación de manera diferente.

❧ Procura tener una conversación productiva con tus padres (una que no esté cargada de emociones, gritos y quejidos) sobre por qué quieres a esta persona como tu amigo. Escucha a tus padres explicar sus preocupaciones, y toma sus preocupaciones en serio.

❧ ¡Ora! Pídele a Dios que provoque ya sea un cambio en la mente de tus padres o un cambio en ti que te ayude a ver que tus padres tienen la razón. Estate abierto a cualquier respuesta que Dios te provea.

CAPÍTULO 62

CUANDO TUS AMIGOS PELEAN
(ATRAPADO EN EL MEDIO)

No puedes sentirte peor de la forma en que te sientes cuando estás atrapado en medio de dos amigos que se están peleando. Y si no te ha pasado aún, te pasará. Desafortunadamente, cuando ocurre, a menudo terminas siendo la persona con la cual todos están enojados. Los conflictos entre amigos son inevitables, y estar atorado en medio de dos amigos que pelean es igual de difícil de evitar.

Te hacemos una promesa: Te encontrarás en el medio de un pleito entre dos amigos tuyos en algún momento. Pero no tienes que permanecer atrapado en el medio. Es posible salirte de esta situación realmente complicada. Aquí tienes un par de ideas:

Trata de no tomar partido. Cuando estén discutiendo, puede que cada uno de tus amigos trate a propósito de ponerte a ti y a otros amigos mutuos de su lado. Una técnica clásica para ganar una discusión es poder decir: "¡Mira, todas estas personas están de acuerdo conmigo!" En ciertas situaciones (por lo general en desacuerdos más grandes y más graves) puede ser necesario que tomes partido y compartas tus pensamientos, pero la mayoría de las veces lo mejor es que trates de mantenerte al margen del pleito por completo.

Anima a tus amigos a hablar directamente uno con el otro. Una de las razones por las que te puedes encontrar atrapado en el medio es porque tus amigos frecuentemente hablarán uno con el otro a través de tí. Un amigo te dirá que le digas a él, para que él le diga a ella. Es sorprendentemente fácil convertirse en el mensajero

de cosas que tus amigos realmente necesitan hablar cara a cara. La Biblia nos dice que se supone que siempre debemos hablar cara a cara con las personas con las que no estamos de acuerdo, y no arrastrar a otros a nuestros desacuerdos a menos de que realmente tengamos que hacerlo (Mateo 18:15-17).

Pídele a alguien más sabio y de más edad que intervenga. Cuando sientas que estás atrapado en el medio, es sabio pedir a alguien como un padre, maestro, líder juvenil o pastor de jóvenes que intervenga y ayude a poner las cosas en orden. Lo bueno de hacer esto es que tú podrás ayudar a tus amigos sin verte forzado a tomar parte en el desacuerdo.

Tus amigos pelearán. Te encontrarás a ti mismo en el medio. Pero no hace falta que permanezcas atrapado ahí.

CAPÍTULO 63

CUANDO TUS AMIGOS COMIENZAN A TOMAR MALAS DECISIONES

Esta es una difícil. (Y debería serlo, ya que la incluimos en la sección titulada "Situaciones difíciles". ¡Vaya!, ¿no somos brillantes?)

Hace poco un chico en el grupo pequeño de Marko compartió con lágrimas en sus ojos cómo su amigo había sido expulsado de la escuela porque lo atraparon con marihuana. Y este chico ni siquiera sabía que su amigo había probado la marihuana.

Cuando un amigo comienza a tomar malas decisiones, esta es la primera pregunta que te debes hacer: ¿Soy lo suficientemente fuerte como para continuar siendo amigo de esta persona sin comenzar a tomar yo las mismas malas decisiones? Esta es una tremenda pregunta. Puedes amar a tu amigo y tratar de ayudarlo, pero primero debes saber si serás tentado a tratar de probar lo mismo o no, sea lo que sea. (¡Recuerda, la influencia de tus amigos puede ser muy pero muy poderosa! Lee más sobre esto en los capítulos 8 y 42, si es que no los has leído ya).

Si crees que podrías ser tentado (ya sea a probar algo que no debes o a tomar malas decisiones como tu amigo) entonces tendrás que tomar una decisión difícil y poner cierta distancia en esa amistad. Puede que sea la única forma de protegerte a ti mismo de tomar malas decisiones.

Yo (Marko) recuerdo un tiempo en la preparatoria cuando un amigo mío realmente se estaba involucrando demasiado en lo que es tomar alcohol. Él era un amigo que tenía mucha influencia sobre mí, porque yo siempre había pensado que era muy genial, y como que deseaba ser como él. Pero me di cuenta de que si continuaba saliendo con este amigo, probablemente comenzaría a beber con él. Así que me senté con él y tuve una fuerte conversación sobre la necesidad de tomarnos un receso y dejar de pasar tiempo juntos, porque pensaba que no era lo suficientemente fuerte como para no seguirlo en las decisiones que estaba tomando. (Y, por cierto, aún recuerdo su respuesta. Él dijo: "Eso está perfecto. Solo me quedan unos pocos años buenos de fiesta, y después me tomaré en serio lo de Jesús".)

COSAS QUE PUEDES ENSEÑAR A TUS AMIGOS: El corazón humano crea suficiente presión, cuando bombea, como para arrojar fuera un chorro de sangre de 9,14 metros.

Si decides poner un poco de distancia en una amistad, eso no significa que tienes que apartarte totalmente de tu amigo. Aún puedes hablar con él, e incluso simplemente pasar el rato... pero que no sea en una situación en la que creas que puedes llegar a tomar una mala decisión, sea cual sea. Que tengas el coraje para decir algo como esto podría realmente hacer la diferencia en la vida de tu amigo.

E incluso si crees que eres lo suficientemente fuerte como para no permitir que tu amigo te lleve a tomar las mismas malas decisiones que él está tomando, es importante que vayas con tu amigo y le dejes saber cómo te sientes. Realmente estarías siendo un pésimo amigo si no hablas en una situación como esta.

¿Conoces el dicho: "Los amigos no permiten que sus amigos conduzcan ebrios"? Es la misma idea: Si realmente eres un amigo, entonces levantarás tu voz para hablar acerca de la decisión dañina de tu amigo.

"LOS AMIGOS SON IMPORTANTES, PERO SI ESTÁN TRATANDO DE LOGRAR QUE HAGAS COSAS QUE NO DEBES, PROBABLEMEN-TE ES HORA DE BUSCARTE UNOS NUEVOS".

—ROBBIE, 14 AÑOS

174

CAPÍTULO 64

CUANDO TUS AMIGOS SE LASTIMAN
(ALGO MALO LES SUCEDE)

Cuando algo malo le sucede a tu amigo, es tiempo de que te pronuncies sobre lo que realmente significa ser un amigo. Aquí está el tipo de cosas de las que estamos hablando:

🐾 Los padres de tu amigo se divorcian, o se la pasan peleando.

🐾 Tu amigo es abusado en alguna forma: física, sexual, verbal o emocional.

🐾 Alguien que le interesa mucho a tu amigo muere, o contrae una grave enfermedad, o sufre un accidente grave.

🐾 Tu amigo pierde algo realmente importante para él (tal vez su casa se incendia, o le roban sus cosas).

🐾 El hermano de tu amigo se mete en problemas con la ley, o tiene algún otro tipo de problema mayor.

🐾 Tu amigo comienza a tomar decisiones súper destructivas, como producirse heridas intencionalmente o pasar hambre (anorexia o bulimia), o está pensando en suicidarse.

Lo primero que debes preguntarte (tal como lo hacemos nosotros los líderes de jóvenes) es esto: ¿Está mi amigo en peligro de ser lastimado nuevamente o podría herir a alguien más? Si la respuesta es sí (como por ejemplo si tu amigo está pensando en el suicidio, o si tu mejor amigo fue abusado), entonces TIENES que decírselo a un adulto responsable. Esto es realmente duro de hacer porque puedes sentir que no estás guardando su secreto. Pero si realmente te interesa tu amigo, simplemente TIENES que hacer esto.

COSAS QUE PUEDES ENSEÑAR A TUS AMIGOS: ¿Qué actividad realiza el 40% de las personas en una fiesta? Meter las narices en el botiquín del bañ

Podrías comenzar con un líder de jóvenes de tu iglesia, o podrías ir con algún consejero digno de confianza en tu colegio (ellos saben qué hacer en situaciones como estas). Es grandioso si puedes hacer esto *con* tu amigo. Recuerda: Si algo serio le pasara a tu amigo y no trataste de impedirlo, entonces lucharás con la culpa por el resto de tu vida.

A continuación, es importante que hables sobre la situación con tu amigo. Pídele que comparta contigo lo que le está pasando y pregúntale cómo se siente. A menudo las personas que están sufriendo no saben si está bien o no hablar sobre el dolor en sus vidas. Y hablar sobre el dolor puede ser de gran ayuda.

Anima a tu amigo a encontrar a un adulto con el que pueda hablar (no importa cuán serio o poco serio pueda parecer su problema), y ofrécele acompañarlo. No esperes entender o saber exactamente qué hacer frente a situaciones difíciles como estas. No puedes ser el terapeuta o el doctor de tu amigo... ni siquiera quien solucione todos sus problemas. Pero sí puedes ser un amigo que le ayude a dar un paso en la dirección correcta.

Sea lo que sea que hagas, no ignores el problema. Los buenos amigos no hacen eso, aun cuando parezca lo más fácil de hacer.

CAPÍTULO 65

CUANDO NO TIENES NINGÚN AMIGO

Si esta es la situación difícil en la que te encuentras, queremos que sepas (QUE REALMENTE SEPAS) que no estás solo. No queremos decir que deberías dejar de sentirte solo, o algo así. Lo que queremos decir es que hemos estado dónde tú estás ahora (ambos, Marko y Kurt) y hay un montón de otras personas de tu misma edad que también han experimentado esto.

También queremos decirte algo: Jesús es un amigo para aquellos que no tienen amigos. Sí, Jesús quiere ser amigo de todos. Pero si lees la historia de la vida de Jesús en la Biblia (una excelente cosa para hacer si te sientes sin amigos), verás que él tiene un lugar especial reservado en su corazón para las personas que no tienen amigos.

Échale un vistazo a la historia de Jesús y Zaqueo (que se encuentra en Lucas 19:1-10). Zaqueo era un recaudador de impuestos, lo que significa que todos los demás, todos, lo odiaban. Bueno, todos salvo Jesús. Cuando él pasó por el lugar donde estaba Zaqueo (escondido en un árbol, solo para poder ver a Jesús), Jesús se detuvo y habló con Zaqueo. (Había un montón de personas ahí, y estaban escuchando y mirando para ver lo que Jesús le iba a decir a Zaqueo. Debe haber sido un momento bastante difícil para todos, excepto para Jesús). Entonces (esta es la parte increíble) Jesús se invitó a sí mismo a la casa de Zaqueo para almorzar. ¡Nadie había hecho algo así con Zaqueo antes, y esto cambió su vida!

COSAS QUE PUEDES ENSEÑAR A TUS AMIGOS:
Golpear tu cabeza contra una pared utiliza
150 calorías por hora.

Lee las partes de este libro que tratan sobre cómo ser un buen amigo y cómo hacer amigos (las secciones 7 y 10, para empezar). Después trata de ir en búsqueda de personas que podrían ser buenos amigos. No mires solo a la gente popular o a los chicos geniales. Busca a otros chicos que no tengan amigos. Y, sobre todo, busca a alguien con quien tengas algo en común, alguien que ande en las mismas cosas. Tener un interés en común es a menudo el punto de partida para nuevas amistades.

Hacer amigos requiere un poco de valentía, porque es arriesgado. La persona con la que trates de hacer amistad podría no interesarse, o dañar tus sentimientos. Admitimos que esto es complicado... pero es la única forma de comenzar nuevas amistades.

Lo más importante es: ¡No te rindas! Fuimos diseñados para hacer amistades. No fuimos hechos para estar solos.

CAPÍTULO 66

CUANDO TUS AMIGOS SE VUELVEN EN TU CONTRA

¿Has visto el programa de televisión *"Cuando los animales atacan"*? Una persona puede estar jugando en el patio de su casa con su juguetón, enérgico y alegre pitbull (sí, los pitbulls pueden ser juguetones), y de pronto el perro lo ataca sin ninguna razón aparente y trata de arrancarte la cara a mordiscos. ¡Es una locura!

Nuestros amigos pueden ser muy parecidos a los pitbulls. Puedes estar divirtiéndote, feliz, con una relación sin problemas, y de pronto ¡ZAS! ¡Tu amigo se vuelve en tu contra y trata de sacarte la cara a mordiscos! Tú te quedas asombrado pensando: *¿Qué hice yo para merecer esto? ¿Qué salió mal?*

Entendemos que esta pueda ser una experiencia muy dolorosa. Entonces, démosle una mirada a algunas cosas que podrían ayudar la próxima vez que un amigo se vuelva en contra tuya.

Mira a tu alrededor. Analiza la situación. ¿Están en diferentes etapas de sus vidas? ¿Han experimentado, tu amigo o tú, cambios drásticos últimamente? ¿Está tu amigo tratando de encajar en un grupo diferente? ¿Tienen tu amigo o tú una nueva "persona especial"? ¿Le hiciste algo a tu amigo? Muchas cosas pueden provocar tensión en la amistad y hacer que tu amigo se vuelva en tu contra. Entonces, una vez más, siempre hay una posibilidad de que no exista una buena razón para que haya un cambio repentino en el comportamiento de tu amigo.

Habla con tu amigo. Perder a un amigo puede ser algo muy duro, especialmente si se trata de un amigo cercano. Entonces, da el primer paso para hablar del tema y mantener la amistad. No trates de pagarle de vuelta con la "ley del hielo". Pregúntate: *¿Qué salió mal? ¿Hice algo yo?* Si es algo que tú hiciste, discúlpate y pide perdón. Si no quiere hablar, deja un mensaje en su celular o envíale un mail. Puede que simplemente necesite un tiempo antes de que quiera volver a hablar del tema.

Estate preparado. Duele cuando un amigo se vuelve en contra tuya, y esto podría señalar el final de la relación. A pesar de que perder a un amigo duele, no es el fin del mundo. (Solo se siente como si lo fuera). Sin duda encontrarás nuevos amigos. Aprende a confiar en el mejor de todos los amigos, Jesucristo. Lee su Palabra (la Biblia), habla con él, y pídele que te ayude. Él siempre te dará la fuerza necesaria para superar la pérdida de un amigo.

Los amigos pueden ser como los peces (salvo por las aletas y las escamas). Puede que hayas oído el viejo dicho: "Hay otros peces en el mar." Bueno, ¡es verdad! Vas a perder alguno que otro pez de vez en cuando (tal vez se suelte del anzuelo o se rompa la línea). Pero si eres paciente, con el tiempo capturarás otro pez... o dos, o tres. Los peces solo pueden resistirse a la carnada por cierto tiempo. Quién sabe, ¡podrías atrapar al mismo pez de nuevo!

Está bien, suficiente con el tonto ejemplo de "los amigos son como peces". Ya entendiste el punto.

CAPÍTULO 67

CUANDO DEBES TERMINAR UNA AMISTAD

Tómate un tiempo para pensar en tus amigos y pregúntate esto: *¿Hay algunos amigos con los que no debería andar?* Si solo tienes un amigo en el que pensar, esto será muy fácil. Si tienes toneladas de amigos, esto podría tomarte algunos minutos.

Hay ocasiones en las que sencillamente tú sabes que debes terminar una amistad. En ocasiones las razones son tan claras como el día; otras veces no estás seguro de la razón, solamente lo sientes. Echemos un vistazo a algunas de las razones "claras como el día" para terminar una amistad.

Edificando versus destruyendo. No hay nada de positivo en andar con personas negativas... simplemente te destruirán. Necesitas amigos que vean lo positivo en las situaciones difíciles y que te ayuden a verlo también. Algunas otras cualidades "destructivas" a las que hay que estar atento en tus amigos son: falta de respeto, no aceptarte por quién eres, apuñalarte por la espalda, estar involucrado en drogas o alcohol. Si alguna de estas cualidades es común en alguno de tus amigos (incluso después de que hayas hablado con él sobre el tema), probablemente deberías terminar esa amistad. Recuerda, si un amigo no está edificándote, entonces probablemente te está destruyendo.

La manera de Dios versus la manera del mundo. Tómate un momento e imagina una carretera de dos vías. El tránsito en una vía va en un sentido, mientras que en la otra vía el tránsito va en la dirección contraria. La vida se parece mucho a una carretera de dos vías: solo hay dos vías en las que puedas ir, y ellas van en direcciones opuestas. Una dirección es "a la manera de Dios", la cual consiste en todo lo que es puro, correcto y que agrada a Dios. La otra dirección es, bueno, cualquier cosa que vaya en contra de los principios de Dios y sus propósitos para tu vida. No puedes ir en ambas direcciones al mismo tiempo. Si un amigo (especialmente un amigo cercano) te está llevando lejos de Dios, entonces probablemente debes terminar con esa amistad.

COSAS QUE PUEDES ENSEÑAR A TUS AMIGOS: MTV salió al aire por primera vez a las 12:01 a.m. el 1º de agosto de 1981. El primer video que se emitió fue "El video mató a la estrella de radio", de Los Buggles.

MTV
MUSIC TELEVISION

Tus amigos te influencian, así que necesitas terminar con la amistad si tu amigo te está llevando en la dirección equivocada. Cuando lo hagas, asegúrate de ser honesto sobre por qué estás terminando la relación, y después termínala de una forma que demuestre que aún te interesas por tu amigo.

CAPÍTULO 68

CUANDO QUIERES TERMINAR UNA AMISTAD

Nuestra opinión es que las personas se alejan de las amistades con mucha facilidad, y muchas veces por las razones equivocadas. Querer terminar con una amistad por las razones correctas está bien, incluso es algo natural. Pero si quieres terminar una amistad solo porque ella usó la misma ropa que tú sin haberte pedido permiso primero, entonces puede que debas repensar tu decisión.

Aquí hay algunas cuestiones sobre las cuales pensar antes de que decidas terminar con una amistad:

Aguanta ahí. Dale tiempo. Las amistades pueden pasar por momentos difíciles, y solo toma un poco de tiempo salir de ellos. Ten paciencia con tu amigo. Utiliza esta experiencia para aprender más acerca de ti mismo y de tu amigo. Asegúrate de mirarte a ti mismo: *¿Estoy siendo egoísta o injusto en esta la amistad?* Algunas veces las raíces de una pelea nacen de nuestras propias conductas o decisiones, pero no nos damos cuenta de ello, y en su lugar culpamos a nuestros amigos.

Aprende a perdonar. Incluso cuando tus amistades se hagan más profundas, habrá ocasiones en las que desearás poner fin a una amistad porque tu amigo te trató injustamente. En vez de eso, aprende a perdonar a tu amigo. En primer lugar, porque es lo que Dios quiere que hagas. Y en segundo lugar, porque vas a necesitar que tu amigo te perdone en algún momento. Practica el arte de darle a tu amigo una segunda, una tercera, y una trigésimo novena oportunidad.

Piénsalo y convérsalo. Cuando quieras terminar con una amistad, asegúrate de haberlo pensado. Piensa en los motivos por los cuales deseas terminarla y escríbelos. Después de haberlo pensado por un rato, habla con tu amigo acerca de ello. Hablar sobre las razones de por qué quieres terminar con una amistad le dará la oportunidad a tu amigo de responder y explicar algunas de las cosas que te están molestando.

Las amistades pueden ser extrañas. Tus amistades cambiarán. Perderás amigos y tendrás nuevos amigos. Es parte de la vida. Y está bien si deseas terminar con una amistad.

Cuando las amistades en la escuela secundaria terminan, las cosas se ponen feas y se hieren algunos sentimientos. Pero es menos probable que esto ocurra si has demostrado paciencia, aguantado, perdonado y hablado las cosas.

CAPÍTULO 69

¿QUÉ HACER SI ERES TÍMIDO?

¿Eres extrovertido? ¿Te gusta estar rodeado de un montón de personas? ¿Te gusta hablar con gente a la que ni siquiera conoces? ¿Te gusta que te haga una pregunta el profesor en clase? ¿Te presentas a las audiciones en cada una de las obras de teatro de la escuela? Si contestaste "no" a todas estas preguntas, probablemente eres una persona tímida.

No hay nada malo con ser tímido. De hecho, es bastante común en los alumnos de secundaria. Pero cuando se trata de amistades, la timidez (junto con muchas otras cosas) puede transformarse en una barrera. Las buenas noticias son que esto no debe ser un obstáculo para ti.

Echemos un vistazo a cómo ser tímido puede estar bien en una amistad actual, así como también cuando estás buscando una nueva.

Crece dentro de tu zona de comodidad. Sé tú mismo y utiliza tus fortalezas. Descubre en qué áreas estás dotado para hacer cosas, y utiliza tus dones. Si no te gusta hablar, pero amas escribir, comunícate con tus amigos escribiendo toneladas de notas, cartas y mensajes de correo electrónico. Incluso puedes hacer nuevos amigos escribiendo cartas. Si juegas fútbol, usa ese talento para conocer a los otros chicos en tu equipo de fútbol. La mayoría de las personas tímidas son realmente buenos amigos, ya que no necesitan hablar todo el tiempo. Si eres tímido, probablemente eres bueno para escuchar, y esta es una de las mejores cualidades que un amigo puede tener.

COSAS QUE PUEDES ENSEÑAR A TUS AMIGOS:
Los caracoles pueden dormir por tres años
seguidos sin comer.

Intenta salir de tu zona de comodidad. Probablemente ya sabías que te íbamos a decir esto. De hecho, probablemente ya lo has escuchado muchas veces antes. Esto es algo difícil de hacer aunque no seas tímido, porque nos incomoda cuando lo hacemos. Pero busca oportunidades para esforzarte. Da tu testimonio en la iglesia para que las personas te puedan conocer mejor. Ve a un viaje de misiones o a un campamento con un grupo de tu iglesia. Es difícil convivir con otras personas durante toda una semana sin desarrollar cierto tipo de amistad. Da pequeños pasos, y lentamente verás formas en las que puedes salir de tu caparazón. Pisar fuera de tu zona de comodidad realmente podrá desarrollar tu autoconfianza. Haz el intento.

Si eres tímido, no entres en pánico. Parte de tu timidez es la forma en que Dios te programó. Dios también te programó para tener amigos, así que no dejes que tu timidez se interponga en el camino.

CÓMO HACER AMIGOS

10

CAPÍTULO 70

CONOCIENDO A LAS PERSONAS POR PRIMERA VEZ

¿Qué digo? ¿Cómo me comporto? ¡Esto es muy incómodo! ¿Acaso le voy a gustar? ¿Pensará que soy estúpido? ¿Me adaptaré? Este es el tipo de preguntas que la mayoría de los estudiantes de secundaria se hacen cuando conocen a otras personas por primera vez. Otros estudiantes de secundaria nunca se hacen esas preguntas, simplemente avanzan. Ya sea que lo ames o que lo odies, conocer a nuevas personas es parte de ser una persona. Aquí hay algunas ideas que te ayudarán a hacer la situación un poco menos rara.

Preséntate a ti mismo. Tan sencillo como suena, en el nerviosismo del momento las personas frecuentemente olvidan dar sus nombres. Comienza simplemente por presentarte a ti mismo: *Hola, mi nombre es (inserta aquí tu nombre).* Esto le demuestra a la persona que quieres que sepa quién eres y que esperas llegar a conocerlo.

Haz alguna pregunta. Si se ve como que la persona está interesada en llegar a conocerte, hazle una o dos preguntas. No lo bombardees con 1000 preguntas, solo lanza un par para iniciar la conversación. Preguntas como: *¿Qué clase tenemos ahora? ¿Cuánto tiempo llevas viviendo aquí? ¿Cuáles son tus pasatiempos? ¿Crees en formas de vida extraterrestre?*, y si lo crees, *¿Qué tan probable es que ellos estén haciendo planes para invadir la Tierra... AHORA MISMO?* (Bueno, esta última probablemente no sea una buena pregunta para romper el hielo). Hacer algunas preguntas simples es una buena manera de echar andar la cosa. Si la otra persona ignora tus preguntas, pone sus ojos en blanco, o te apunta con el dedo y comienza a reírse como loca, entonces puedes asumir que no está realmente interesada en ser tu amiga. Está bien. Por lo menos conociste a alguien nuevo.

Sé tú mismo. Cuando conoces a una persona por primera vez, no trates de ser alguien que no eres. Tú querrás que te conozca como realmente eres. Después de todo, no podrás seguir fingiendo todo el tiempo ser alguien que no eres. Si comienzas a pasar mucho tiempo con ella, tarde o temprano descubrirá que eres una persona diferente, y la amistad probablemente no durará. Actuar como alguien que no eres (incluso si solo estás intentando hacer un amigo nuevo) es una forma segura de echar a perder tu amistad en el camino. Sé tú mismo. Es preferible ser rechazado por tu yo real a ser aceptado por tu yo falso.

Vas a conocer cientos y cientos de personas en toda tu vida. Algunas de las personas que conozcas se convertirán en tus amigos, pero la mayoría de ellas no lo serán. De todas formas, practicar las cosas que recién leíste te ayudará a lo largo del camino.

CAPÍTULO 71

CONVIRTIÉNDOTE EN UNA PERSONA DIGNA DE AMISTAD

Una buena amistad comienza con una persona: ¡Tú! Aunque es importante que te preguntes qué clase de amigos quieres tener (hablaremos de esto un poco más tarde), puede ser más importante que te preguntes qué tipo de amigo quieres *ser*.

Uno de los secretos para tener amistades saludables y duraderas es que puedas realmente ser un buen amigo. Anteriormente en este libro enumeramos un montón de formas en las que puedes ser un buen amigo; inclusive escribimos un capítulo entero sobre cada una de ellas. Echa otro vistazo a la lista:

- Ser leal
- Ser honesto
- Dar ánimo
- Dar y servir
- Tener compasión
- Escuchar
- Ser atento
- ¡Divertirte!
- Ser flexible
- Rendir cuentas

Muy a menudo, las personas cometen el error de esperar que sus amigos tengan estas cualidades sin darse cuenta de que ellos necesitan tenerlas también. ¿Quieres que tus amigos sean leales? Entonces comienza siendo un amigo leal con ellos. ¿Quieres que tus amigos te animen? Entonces da el ejemplo animándolos tú a ellos.

Aunque una buena amistad comienza contigo, tú no puedes hacerlo todo solo. Necesitas la ayuda de Dios. Fácilmente podrías tener una o dos de estas cualidades, pero seguramente haya varias de la lista que no tengas. Dios quiere ayudarte a crecer en estas diferentes áreas para que puedas mejorar y ser un buen amigo. No es fácil. De hecho, es mucho más fácil tener una actitud que diga: *Oye, tú eres muy afortunado de que yo siquiera esté considerando ser tu amigo. Así es que más vale que trabajes duro para hacer que esta relación funcione.*

La Biblia dice que si queremos tener amigos, entonces debemos ser amigables (Proverbios 18:24). En otras palabras, la mejor forma para tener buenas amistades es comenzar a ser un buen amigo tú mismo.

COSAS QUE PUEDES ENSEÑAR A TUS AMIGOS: Hay aproximadamente 550 bellos en una ceja humana.

"MI MAMÁ ME DICE QUE LA MEJOR FORMA DE TENER BUENOS AMIGOS ES SIENDO UN BUEN AMIGO. NO LO CAPTO TOTALMENTE, PERO ME PARECE QUE TIENE ALGO DE SENTIDO".

— JOEY, 11 AÑOS

194

CAPÍTULO 72

INTERESES EN COMÚN

Nosotros (Marko y Kurt) nos convertimos en amigos porque tenemos intereses en común (algo que nos gusta a ambos): Ambos disfrutamos trabajando con chicos de secundaria. Realmente así es como llegamos a conocernos. Comenzamos con algo que teníamos en común, y construimos una amistad alrededor de ello.

Esa es realmente una de las formas más fáciles (y más comunes) de hacer nuevos amigos. Pero normalmente es una nueva idea para los chicos de secundaria. (Revisa el Capítulo 2, "Cambio de amistades", para aprender por qué).

Por supuesto, eso significa que debes comenzar por pensar en cuáles son tus intereses. Puede ser realmente muy obvio para ti, o tal vez no lo sea. Dado que estás cambiando mucho en estos momentos, es fácil que te sientas "en el medio" con respecto a lo que te gusta. Por ejemplo, tú estabas muy interesada en jugar con las muñecas, o muy interesado en los autitos metálicos de colección, pero ya no estás tan metido en esas cosas (o al menos no querrás admitirlo frente a otras personas).

Entonces, ¿estás interesado en algún deporte? ¿O tal vez en cierto videojuego? ¿O en la música? Si tus intereses son demasiado reducidos, puede que quieras pensarlo en términos un poco más generales. Como por ejemplo, si tu pasión (la cosa que te interesa más que cualquier otra cosa) son las muñecas rusas "matryoshka" de finales de los 1800s... Bueno, probablemente no vas a hacer un montón de nuevos amigos si te paras en una mesa en medio de

la cafetería y gritas: "¡Atención, todos! ¿Puedo tener su atención, por favor? Yo amo, pero realmente amo, las muñecas rusas (matryoshka). ¿Entienden, esas muñecas que se meten una dentro de la otra? ¿Pequeñas muñecas de madera torneadas como huevos, que puedes abrir y encontrar adentro otra más pequeña? Pero solamente me gustan las que son de finales de los 1800. Pienso en ellas todo el tiempo. Incluso sueño con ellas. Y si hay alguien más a quien también le apasione esto de las muñecas rusas del 1800 que se meten una dentro de la otra, yo estaría muy interesada en considerar una amistad con esa persona. Aquí mismo tengo algunas solicitudes que pueden llenar".

Sí, tú captaste la idea. La única amiga que conseguirás haciendo esto es la chica que piensa: *¡A mí también me gusta hacer cosas realmente estúpidas, como anunciar cosas mientras me paro en la mesa del comedor estudiantil!*

Ya entendiste el punto: Busca personas a las que les gusten las mismas cosas que a ti. Esto no es ciencias espaciales. (Bueno, ¡a menos que te interesen las ciencias espaciales, por supuesto!)

"A VECES LAS **BUENAS AMISTADES** DAN MUCHO TRABAJO, PERO **NO ME IMAGINO** LA VIDA SIN ELLAS".

—CASSIE, 13 AÑOS

CAPÍTULO 73

HACIENDO PREGUNTAS

No podemos pensar en una destreza más importante en el arte de hacer amigos que hacer preguntas. Sabemos que suena un tanto simple y ridículo, pero realmente es un factor importante. Y hacer preguntas no es algo que surja naturalmente para la mayoría de los jóvenes adolescentes. Pero la buena noticia es que es algo que puedes aprender totalmente.

Hasta un tonto puede hacer amigos si está dispuesto a hacer unas pocas preguntas. Aquí está la explicación: cuando le haces una pregunta a alguien, estás haciendo varias cosas. Estás:

🔹 Mostrando que estás interesado en él, no solo en ti mismo.

🔹 Dándole permiso para hablar de sí mismo (¡algo que la mayoría de nosotros ama hacer!)

🔹 Y creando un pequeño espacio para una conversación que no se daría de otra forma. En otras palabras, tú haces posible que pasen uno o dos minutos juntos (mientras él o ella responde a la pregunta).

¡Son muchas cosas! ¡Cielos! En serio, tal vez ahora puedes ver por qué hacer preguntas es tan poderoso cuando estás buscando amigos.

Entonces, ¿qué tal algunos tips para hacer buenas preguntas?

COSAS QUE PUEDES ENSEÑAR A TUS AMIGOS:
Entre mas frío esté el cuarto donde duermes,
mayores son las probabilidades de que tengas
un mal sueño.

Primero, recuerda que las preguntas sencillas son por lo general las mejores. Si no conoces a alguien, pero vas hacia ella y le preguntas: "Por favor, ¿estarías dispuesta a hablar por algunos minutos sobre si prefieres películas de Hollywood producidas en forma independiente o en masa?", entonces probablemente te echen una mirada que diga: "¡Chiflada!", y no mucho más. Una pregunta simple y más natural a menudo es una pregunta que da lugar a continuar. Como, si alguien dice algo, tú puedes responder: "¿De verdad? ¿Qué quieres decir?".

Segundo, haz preguntas sobre la persona (pero que no sean demasiado personales si es que no la conoces). Preguntarle a alguien que no conoces qué tipo de desodorante usa es una mala idea. Preguntarle a alguien que no conoces qué tipo de música le gusta es una buena idea. ¿Captas la idea?

Por último, no te conviertas en el chico que hace preguntas latosas. En otras palabras, mientras que hacer preguntas probablemente sea la cosa más importante que puedas hacer para tener nuevos amigos, también en esto es posible exagerar. Si estás constantemente haciendo preguntas cuando alguien claramente no está interesado en hablar contigo, entonces te convertirás en un fastidio. Como un perrito faldero o algo parecido. ¡Yip, yip, yip! No seas ese tipo de perrito.

CAPÍTULO 74

ESTATE ATENTO A POTENCIALES AMIGOS

¿Puedes imaginarte a ti mismo caminando alrededor de tu escuela todo el día con los ojos cerrados, cubiertos por una venda, y tratando de encontrar personas para comenzar con ellos una amistad? Vaya, eso sería casi imposible, ¿no es cierto? Te topas con alguien y le preguntas: "¿Quieres ser mi amigo?" Ups, esa era la señora que prepara el almuerzo, esa que solo tiene un diente. Ella responde: "Está bien, yo seré tu amiga". Abres un poquito tu ojo, te das cuenta de lo que has hecho, y sales corriendo, jurando que nunca más volverás a asomar tu cara por la cafetería.

Por supuesto, formulemos lo obvio: Debes mantener tus ojos abiertos si deseas ver a potenciales nuevos amigos. Pero "mantener los ojos abiertos" es más que simplemente mantener abiertos tus párpados de perro tristón. Si deseas iniciar nuevas amistades, deberás poner pilas nuevas a tu sensor de potenciales amistades. No, no se fabrican esos sensores. (¡Vaya!) Pero creemos que captaste la idea. Debes estar atento a quién podría ser potencialmente un buen amigo para ti.

Estar atento a potenciales amigos significa usar algunos de tus sentidos:

Mira. Observa quién está interesado en las mismas cosas que tú. Mira quién anda en los lugares por los que tú andas. Mira quién parece no tener ya un montón de amigos.

Escucha. Oye lo que un potencial amigo dice o no dice. Escucha sobre qué cosas habla. Hazle preguntas, y escucha las respuestas para ver si es la clase de persona que pudiera ser un buen amigo para ti.

Eso es probablemente todo... a menos que quieras usar tu sentido del olfato para ver si apestan o huelen bien. Y ni siquiera mencionemos el gusto, ¿de acuerdo?

"PUEDES TENER MÁS DE UN MEJOR AMIGO".

—A.J., 12 AÑOS—

CAPÍTULO 75

ELIGIENDO A LOS AMIGOS POTENCIALES CORRECTOS

Uuuy, esta es una difícil. Es difícil para nosotros escribirlo, y pensamos que será aún un poco más difícil de entender. Entonces mejor vayamos a mirar televisión... ¡No, solo estamos bromeando! Un poco.

Aquí está la contundente, honesta, difícil, desafiante, no fácil de decir y aun más difícil de escuchar realidad: Muchos adolescentes se equivocan rotundamente al tratar de imaginar quién podría ser un buen amigo. Lo sentimos. Realmente no nos gustó escribir eso. Pero después de trabajar con cientos de miles de adolescentes, incluso podríamos decirte cuántos cientos y cientos de veces hemos visto a adolescentes tomar pésimas decisiones sobre alguien que ellos buscaron como un nuevo potencial amigo.

El error más grande que hemos visto cometer a los chicos en esta área es asumir que el chico popular del colegio (o de donde sea) será el mejor nuevo amigo. Sabemos que existen muchas razones para esto. Muchas veces los adolescentes tratan de hacerse amigos de los chicos populares porque creen que eso los hará populares a ellos también. Solo recuerda, los chicos más populares:

♣ A menudo no tienen el más mínimo deseo de tener más amigos. Ya tienen todos los amigos que podrían necesitar.

♣ Son a menudo las personas más malvadas que hay. Por supuesto que eso no es siempre así, pero lo hemos visto una y otra vez... si tratas de hacerte amigo de un chico súper popular, proba-

blemente terminarás herido.

COSAS QUE PUEDES ENSEÑAR A TUS AMIGOS: El pie es la parte del cuerpo mas frecuentemente picada por insectos.

Entonces, cuando estés mirando y escuchando (lee el capítulo anterior si es que no lo has hecho ya) en la búsqueda de potenciales nuevos amigos, mira y escucha por potenciales amigos que serían una buena y apropiada amistad para ti. Tú sabes quién eres, ¿verdad? Tú sabes lo que te gusta y lo que no te gusta. Tú sabes cuáles son las cosas que te interesan y las que no. Tú conoces cuáles son tus valores, lo que es importante para ti.

Recuerda, hemos dicho esto una y otra vez, los amigos que tienen cosas en común tienen mayores oportunidades de construir una buena y duradera amistad. Eso no significa que puedan tener algunas diferencias y aun así seguir teniendo una gran amistad. Pero deben tener algunas cosas en común.

Un pensamiento más: Todos nos volvemos un poco como nuestros amigos (o bastante como nuestros amigos). Entonces, sé realmente muy cuidadoso cuando consideres a tu posible nuevo amigo, y elige a personas a las que no te importaría parecerte. No comiences una amistad con alguien que te llevará a convertirte en una persona que no quieres ser.

Nos agradaría recibir noticias suyas.
Por favor, envíe sus comentarios sobre este libro
a la dirección que aparece a continuación.
Muchas gracias.

Editorial Vida®
.com

Vida@zondervan.com
www.editorialvida.com